1 Ernährung bei Speiseröhrenkrebs

Diese Empfehlungen bitte immer mit Ernährungsberater/in, Arzt oder Diätologen/in absprechen! Die Rezepte und Zutatenlisten unterstützen die medizinischen Therapien.

Die Kalorienangaben frischer Zutaten (Obst und Gemüse) und die Inhaltsstoffe schwanken je nach Qualität und Erntezeit. Die Inhalte wurden von einer Diätologin und einer Ernährungsberaterin für die Traditionelle Chinesische Medizin (TCM) geprüft.

Autor:
©2022 Josef Miligui
Liebe Leserinnen und Leser, ich wünsche Ihnen viel Erfolg und gutes Gelingen bei der Umstellung Ihrer Ernährung. Dieses Buch wurde aus eigener Erfahrung mit Krankheit und Ernährung geschrieben und ich habe schon immer das Zubereiten guter Speisen geschätzt. Wenn Sie nicht so geübt sind im Kochen, empfiehlt sich ein Kurs bei Ernährungsberatern oder Diätologen, die Ihnen die Grundlagen der Kochmethoden sowie die richtige Verarbeitung der Zutaten vermitteln können. Anhand der Lebensmittellisten aus diesem Buch können Sie weitere Rezepte entwickeln und entdecken.

Quelle:
Die Listen werden aus der EBNS-Datenbank für die Ernährungsberatung generiert. Die Datenbank wird von Ernährungsberater, Therapeuten und Ärzte für die Beratung der Patienten/Klienten verwendet und ermöglicht eine Kombination mehrerer Syndrome.

Literaturliste:
Wir haben die Unterlagen als Wissensbasis genutzt und an unsere Erfahrungen angepasst und ergänzt.
www.ebns.at

Herstellung und Verlag:
BoD – Books on Demand, Norderstedt
ISBN: 9783739249308

DIÄTETIK - Gastrointestinaltrakt - Mundhöhle und Speiseröhre - Ösophaguskarzinom (Speiseröhrenkrebs)
(Buch: 035)

1 Ernährung bei Speiseröhrenkrebs 1
   1.1 Vorwort 4
   1.2 Beschreibung 7
   1.3 Therapiestrategie 7
   1.4 Vermeiden 7
2 Speiseplan 8
   2.1 Frühstück 8
   2.2 Jause 8
   2.3 Mittag 9
   2.4 Nachmittag 10
   2.5 Abend 10
3 Rezepte 12
   3.1 Adzukibohnen-Reis-Suppe 12
   3.2 Apfel-Bananen-Creme 12
   3.3 Apfelmus mit Rosinen 13
   3.4 Aprikosen-Preiselbeer-Eis 14
   3.5 Astronautenkost 14
   3.6 Aufgeschlagene Banane 15
   3.7 Baby Bananenbrei 15
   3.8 Baby Frischer Vollkornbrei 16
   3.9 Baby Zartes Fenchel-Gemüse 16
   3.10 Bananen-Sojamilch 17
   3.11 Birne mit Kandiszucker und Klebereis 18
   3.12 Buddhistische Reissuppe 19
   3.13 Erdbeer-Joghurt-Mandelmus Mix 19
   3.14 Fenchel-Reissuppe 20
   3.15 Gefrorener Ananassaft 20
   3.16 Gefrorener Salbeitee 21
   3.17 Gelbe Linsensuppe 21
   3.18 Gemüse-Grieß-Suppe 22
   3.19 Gemüse-Kartoffel-Fleisch-Brei 23
   3.20 Gemüsereis 24
   3.21 Gerstenbrei mit gedünsteter Birne 25
   3.22 Gersten-Gemüse-Suppe 25
   3.23 Gerstenschrotsuppe 26
   3.24 Getreidekaffee mit Kardamom 27
   3.25 Grießbrei mit Banane 27
   3.26 Grießklößchen mit Mascarpone und Erdbeersoße 28

3.27	Grießklößchensuppe	29
3.28	Grießsuppe mit Gemüse	30
3.29	Grundrezept für eine Hühnerbrühe	30
3.30	Grundrezept für eine nahrhafte Gemüsebrühe	31
3.31	Grundrezept für eine Reissuppe (Congee)	32
3.32	Grundrezept für eine Rinderbrühe	33
3.33	Hirse mit Birnen	34
3.34	Hirsebrei mit gedünsteten Birnen	34
3.35	Honigmilch	35
3.36	Hühnersuppe mit Eigelb und Petersilie	36
3.37	Karotten mit Kartoffelschnee	36
3.38	Karotten- Reisschleimsuppe	37
3.39	Karotten-Hirse-Auflauf mit Apfelkompott	37
3.40	Karotten-Reis mit Hühnerfleisch	38
3.41	Karottensuppe	39
3.42	Kartoffelcreme mit Kräuter-Frischkäse	40
3.43	Kartoffeln mit Quark-Soße	41
3.44	Linsen-Reis-Eintopf	41
3.45	Mango-Bananen-Joghurt-Drink eiskalt	42
3.46	Nudelsuppe	43
3.47	Petersilien-Cremesoße	44
3.48	Porridge	44
3.49	Preiselbeer-Joghurt-Mix	45
3.50	Quarkknödel auf Erdbeermus	46
3.51	Reis mit gedämpftem Gemüse	46
3.52	Reis mit Pastinake	47
3.53	Reisnudelsuppe mit Shiitakepilzen	48
3.54	Reissuppe mit geraspelten Karotten	49
3.55	Rinderbrühe mit Eigelb	49
3.56	Süßreis mit Äpfeln	50
3.57	Tee aus Anissamen	51
3.58	Tee aus Fenchel	51
3.59	Tee aus Kamille	52
3.60	Tee aus Käsepappel	52
3.61	Tee aus Malven	53
3.62	Tee aus Rooibos	53
3.63	Tee aus Salbei	54
3.64	Vanillepudding	54
3.65	Zucchini-Grieß-Cremesuppe	55
4	Wirkung der Lebensmittel	56
4.1	Zutaten verwenden: empfehlenswert	56
4.2	Zutaten verwenden: ja	56
4.3	Zutaten verwenden: wenig	63

5 Komplementär 64
   5.1 Heil-Tee (Aufguss) 64
      5.1.1 Cannabis 64
      5.1.2 Kamille 65
      5.1.3 Rooibos 65
      5.1.4 Schiefer Schillerporling, Chaga oder Tschaga 65
      5.1.5 Wermut 65
   5.2 Kapseln 66
      5.2.1 Holunderschwamm, Chinesische Morchel, Mu Err 66
   5.3 Komplementäre Anwendung 66
      5.3.1 Apitherapie 66
      5.3.2 Enzympräparate 67
      5.3.3 Misteltherapie 67
   5.4 Verschiedene Möglichkeiten 68
      5.4.1 Affenkopfpilz, Yamabushitake 68
      5.4.2 Curcuma Wurzel 68
      5.4.3 Liebstöckelwurzel 68
      5.4.4 Rhabarbawurzel 68
      5.4.5 Schmetterlingsporling, Yun Zhi, Kawaratake 68
      5.4.6 Tintenpilz, Schopftintling, Spargelpilz 69
6 Grundlagen der Ernährung 70
   6.1 Ernährung 70
   6.2 Rezepte 72
   6.3 Lebensmittel 73
   6.4 Kräuter 74
7 Weitere Ernährungsvorschläge 75

1.1 Vorwort

Die Weltgesundheitsorganisation (WHO) davon spricht, dass bis zu 80% der Erkrankungen durch äußere Faktoren wie Ernährung, Lebensstil, Umweltgifte und dergleichen beeinflusst werden.

Welche Faktoren also jeder einzelne von uns aktiv beeinflussen kann und somit seine Chancen auf Erhöhung der allgemein Gesundheit erzielen kann, darum geht es auf den folgenden Seiten.

Der Fokus in diesem Buch liegt auf dem Faktor mit der größten Hebelwirkung - der Ernährung.
Schon Hippokrates hat einst gesagt "Lass die Nahrung deine Medizin sein und Medizin deine Nahrung!" Kräuterpädagog:innen heute sagen so: "Es gibt für jede Krankheit das richtige Kraut."

Egal wie wir es drehen und wenden, wir sind was wir essen (und was unser Essen gegessen hat). Der moderne Mensch sieht sich gerne isoliert von seiner Umwelt. Wir entstehen aus unserer Umwelt, wir leben inmitten von ihr und wenn wir sterben gehen wir wieder in unsere Umwelt über. Während wir leben essen wir das, was in unserer Umwelt wächst (oder in Fabriken chemisch erzeugt wird). Diese Nahrung liefert die Energie und Bausteine, für den eigenen Körper, für den Stoffwechsel, Zellerneuerung, den Hormonhaushalt und damit für unser gesamtes Sein, die Gesundheit und unser Empfinden.

Hier ein paar Grundbausteine, bevor in dem Buch noch näher auf Ernährungsfaktoren eingegangen wird, die sozusagen der kleinste gemeinsame Nenner der meisten Ernährungsphilosophien sind:

- Saisonalität
    - Winterpflanzen, wie zum Beispiel verschiedene Kohlgewächse, versorgen uns mit Unmengen von Vitamin C und Bitterstoffen. Zwei Faktoren, die unser Immunsystem bei der Abwehr von der Kälte und den typischen Infekten in der Winterzeit unterstützen.
    - Sommerpflanzen wie zum Beispiel Gurken, Tomaten aber auch Zitrusfrüchte kühlen unseren aufgeheizten Körper und versorgen uns mit viel Wasser.
    - Außerdem müssen bei saisonalen Pflanzen weniger chemische Helferlein eingesetzt werden, da die passenden Umweltfaktoren das Wachstum sowieso fördern.
- Regionalität
    - Damit einher geht auch der Faktor der Regionalität. Regionale pflanzliche Lebensmittel werden reif geerntet und haben somit alle Nährstoffe entwickeln können. Im Gegensatz dazu wird Obst und Gemüse aus ferneren Ländern unreif geerntet und nur durch den Einsatz von chemischen Mitteln unnatürlich "nachgereift" - bzw. nur nach-gefärbt. Die Dichte der Nährstoffe und auch der Geschmack kann dabei niemals mit regionalen Lebensmitteln mithalten. (Sie haben es vielleicht schon selber erlebt, dass eine Südfrucht aus dem jeweiligen Ursprungsland dort im Urlaub viel süßer und vollmundiger schmeckt als die gleiche Frucht aus dem zentraleuropäischen Supermarkt).

- Pflanzenbasierte Ernährung
    - Ja, diese Basis teilen selbst die Anhänger der Fleischdiät mit den Veganern. Denn bei der Fleischdiät geht es auch um Fleisch von Tieren, die sich artgerecht, sprich von vielen Gräsern und Kräutern ernährt haben. Die Masse an Getreide in der heutigen Ernährung - egal ob bei Mensch oder Tier - entspricht nicht der natürlichen Ernährungsweise. Sie macht uns krank, dick und manche behaupten sogar dumm (das weist auf die Schädigung der neuronalen Netzwerke hin, die durch den Konsum von Kohlenhydraten passiert hin). Pflanzen im Sinne von Gemüse, Kräutern, Salaten, Sprossen, in geringen Mengen Obst, Nüsse, Samen, etc. liefern neben den viel beschriebenen Vitaminen und Mineralstoffen vor allem sekundäre Pflanzenstoffe, die herausragende Heilwirkung haben. So werden eine Vielzahl unserer Medikamente auf Basis der natürlich vorkommenden Pflanzenstoffe nachgebaut. Allerdings sind da diverse Säuren und andere Wirkstoffe extrahiert und wirken nur alleine - mit den Pflanzen selbst nehmen wir sie in einer reichhaltigen und sich gegenseitig verstärkenden Kombination vielerlei wirksamer Stoffe zu uns.

Ja zusätzlich zu diesen 3 großen Punkten gibt es immer noch sehr viel zu beachten. Ein optimales Verhältnis von Omega 3 zu Omega 6 Fettsäuren (empfohlen wird 1:3), eine individuell und situationsbedingte Eiweißversorgung und so weiter.

Eine ganz gute und einfache Richtlinie für die alltägliche Ernährung bietet der ideale Teller. Der sieht so aus, dass möglichst jede Mahlzeit zur Hälfte aus pflanzlichen Bestandteilen besteht, ein Viertel der Eiweißversorgung dient und ein Viertel die Mahlzeit durch gute Fette und eventuell Kohlenhydrate abrundet.

Die Feinjustierung rund um die Zubereitungsarten, die Zusammenstellungen und so weiter sehe ich als sehr individuell an. Es gibt meines Erachtens nicht die 1 perfekte Ernährung. Es gibt so viele großartige Philosophien und Studien, die alle wunderbare Heilungen berichten und sich dabei aber gegenseitig ausschließen. Was auf den ersten Blick vielleicht paradox wirkt, eröffnet bei näherer Betrachtung ganz viele Möglichkeiten des Probierens und neuer Chancen.

Neben der Ernährung werden noch folgende Faktoren genannt:
- die Giftstoffbelastung in unserer Umwelt sowie in Pflegeprodukten oder eben in der Ernährung
- eine Balance aus Aktivität, (kurzzeitigem) Stress und der Entspannung wie auch Schlaf
- Aufarbeitung der emotionalen Wunden aus der Vergangenheit und Steigerung der Resilienz
- Biologische Zahnheilkunde
- eine optimierte Versorgung durch Heilkräuter, Heilpilze udgl.
- Früherkennung durch bewährte und schonende Verfahren

1.2 Beschreibung

Schwerwiegende Erkrankung der Speiseröhre
Ursachen: Regelmäßiger Konsum von Alkohol und Rauchen begünstigen die Entstehung des Karzinoms.
Symptome: Dysphargie (= Beschwerden beim Schlucken fester Speisen mit dem Gefühl des Steckenbleibens), mit fortschreitender Stenose verschlechtern sich die Symptome.

1.3 Therapiestrategie

Richtet sich nach dem Zustand (weich, flüssig, Sondennahrung).
Leichte Vollkost. Entzündungshemmende Tees (z.B.: Kamille, Salbei).
Vermeiden Sie Lebensmittel und Speisen mit grober Struktur.
Fruchtsäure haltiges Obst und Getränke wie Orangen-, Zitronen- oder Grapefruitsaft und auch Früchtetees können zusätzliche Schmerzen verursachen. Auch der Einsatz von fertig zubereiteter Babynahrung im Glas ist im Einzelfall sinnvoll, da diese sehr mild gewürzt ist.

1.4 Vermeiden

Zwieback, Knäckebrot, Grießbrei oder Milchreis, Orangen-, Zitronen- oder Grapefruitsaft, Früchtetees.
Vorsicht bei: Säurehaltige Speisen und Getränken, Salzigen Speisen, Stark gewürzten Speisen, Alkohol.
Zu heiße Speisen.

2 Speiseplan

Kkal. p. Portion

2.1 Frühstück

Adzukibohnen-Reis-Suppe	199,4
Apfelmus mit Rosinen	73,6
Astronautenkost	1045,0
Aufgeschlagene Banane	144,0
Bananen-Sojamilch	125,8
Birne mit Kandiszucker und Klebereis	217,7
Buddhistische Reissuppe	279,8
Erdbeer-Joghurt-Mandelmus Mix	134,1
Fenchel-Reissuppe	155,9
Gefrorener Ananassaft	29,5
Gemüse-Grieß-Suppe	198,9
Gemüse-Kartoffel-Fleisch-Brei	127,4
Gerstenbrei mit gedünsteter Birne	113,8
Gersten-Gemüse-Suppe	281,3
Getreidekaffee mit Kardamom	3,6
Grießbrei mit Banane	307,3
Grießsuppe mit Gemüse	105,5
Hirse mit Birnen	213,2
Karotten- Reisschleimsuppe	101,0
Karottensuppe	104,8
Kartoffelcreme mit Kräuter-Frischkäse	217,0
Porridge	207,5
Preiselbeer-Joghurt-Mix	57,1
Quarkknödel auf Erdbeermus	553,3
Reis mit Pastinake	206,5
Rinderbrühe mit Eigelb	173,5
Süßreis mit Äpfeln	155,8
Tee aus Anissamen	2,8
Tee aus Fenchel	0,0
Tee aus Käsepappel	0,0
Tee aus Malven	0,0
Tee aus Salbei	4,7
Vanillepudding	254,7

2.2 Jause

Apfel-Bananen-Creme	110,4
Baby Bananenbrei	235,6

Hirsebrei mit gedünsteten Birnen 235,3
Karotten mit Kartoffelschnee 316,1

2.3 Mittag

Adzukibohnen-Reis-Suppe 199,4
Apfelmus mit Rosinen 73,6
Aprikosen-Preiselbeer-Eis 106,6
Astronautenkost 1045,0
Aufgeschlagene Banane 144,0
Baby Zartes Fenchel-Gemüse 70,2
Bananen-Sojamilch 125,8
Buddhistische Reissuppe 279,8
Erdbeer-Joghurt-Mandelmus Mix 134,1
Fenchel-Reissuppe 155,9
Gefrorener Ananassaft 29,5
Gefrorener Salbeitee 15,8
Gelbe Linsensuppe 155,1
Gemüse-Grieß-Suppe 198,9
Gemüse-Kartoffel-Fleisch-Brei 127,4
Gemüsereis 303,8
Gerstenbrei mit gedünsteter Birne 113,8
Gersten-Gemüse-Suppe 281,3
Gerstenschrotsuppe 265,4
Getreidekaffee mit Kardamom 3,6
Grießbrei mit Banane 307,3
Grießklößchen mit Mascarpone und Erdbeersoße 331,3
Grießklößchensuppe 287,0
Grießsuppe mit Gemüse 105,5
Hirse mit Birnen 213,2
Hühnersuppe mit Eigelb und Petersilie 117,8
Karotten mit Kartoffelschnee 316,1
Karotten- Reisschleimsuppe 101,0
Karotten-Hirse-Auflauf mit Apfelkompott 349,7
Karotten-Reis mit Hühnerfleisch 115,8
Karottensuppe 104,8
Kartoffelcreme mit Kräuter-Frischkäse 217,0
Kartoffeln mit Quark-Soße 413,7
Linsen-Reis-Eintopf 232,0
Mango-Bananen-Joghurt-Drink eiskalt 121,4
Nudelsuppe 236,8
Petersilien-Cremesoße 118,5
Porridge 207,5

Preiselbeer-Joghurt-Mix 57,1
Quarkknödel auf Erdbeermus 553,3
Reis mit gedämpftem Gemüse 166,7
Reis mit Pastinake 206,5
Reisnudelsuppe mit Shiitakepilzen 65,5
Reissuppe mit geraspelten Karotten und frischen Kräutern 131,0
Rinderbrühe mit Eigelb 173,5
Süßreis mit Äpfeln 155,8
Tee aus Anissamen 2,8
Tee aus Fenchel 0,0
Tee aus Käsepappel 0,0
Tee aus Malven 0,0
Tee aus Salbei 4,7
Zucchini-Grieß-Cremesuppe 146,0

2.4 Nachmittag

Apfel-Bananen-Creme 110,4
Birne mit Kandiszucker und Klebereis 217,7
Hirsebrei mit gedünsteten Birnen 235,3
Karotten mit Kartoffelschnee 316,1
Vanillepudding 254,7

2.5 Abend

Adzukibohnen-Reis-Suppe 199,4
Apfelmus mit Rosinen 73,6
Aprikosen-Preiselbeer-Eis 106,6
Astronautenkost 1045,0
Baby Frischer Vollkornbrei 336,5
Baby Zartes Fenchel-Gemüse 70,2
Buddhistische Reissuppe 279,8
Erdbeer-Joghurt-Mandelmus Mix 134,1
Fenchel-Reissuppe 155,9
Gefrorener Ananassaft 29,5
Gefrorener Salbeitee 15,8
Gelbe Linsensuppe 155,1
Gemüse-Grieß-Suppe 198,9
Gersten-Gemüse-Suppe 281,3
Gerstenschrotsuppe 265,4
Getreidekaffee mit Kardamom 3,6
Grießklößchensuppe 287,0
Grießsuppe mit Gemüse 105,5
Hirse mit Birnen 213,2

Honigmilch	88,0
Karotten-Reis mit Hühnerfleisch	115,8
Karottensuppe	104,8
Mango-Bananen-Joghurt-Drink eiskalt	121,4
Petersilien-Cremesoße	118,5
Porridge	207,5
Preiselbeer-Joghurt-Mix	57,1
Reis mit gedämpftem Gemüse	166,7
Reis mit Pastinake	206,5
Reisnudelsuppe mit Shiitakepilzen	65,5
Reissuppe mit geraspelten Karotten und frischen Kräutern	131,0
Süßreis mit Äpfeln	155,8
Tee aus Fenchel	0,0
Tee aus Käsepappel	0,0
Tee aus Salbei	4,7

3 Rezepte

empfehlenswert = Sie können mehr verwenden
wenig = wenn möglich weniger verwenden
weniger als angegeben = möglichst nicht verwenden

3.1 Adzukibohnen-Reis-Suppe

Stärkt Milz, Herz, Nieren und Magen, harntreibend, fördert Durchblutung, lindert Entzündungen.
Anzahl Portionen: 1
Kalorien p. Portion 199
Gramm p. Portion 268
Kochdauer ca. 2 Sunden
(Kohlehydrat:78,84% / Eiweiß & Fett:21,16%)
100g.≈ Eiweiß 10,03g. Fett:0,92g.
µg. - Ph:24,84 Na:1,7 Ka:12,6 Mg:12,64 Ca:14,1 Fe:0,96 Zn:0,2 Col.:0 Hsr.:39,55

Zutaten:
Adzukibohnen 8 EL / 40g. (ja)
Reis Rundkornreis 2 EL / 20g. (ja)
Wasser 2 Tassen / 200g. (ja)
Honig 1 EL / 8g. (empfehlenswert)

Kochanleitung:
Eingeweichte Adzukibohnen und Rundkornreis im Verhältnis 4:1 so lange bei kleiner Hitze in Wasser kochen, bis ein dünner Brei entstanden ist. Nach Bedarf süßen und eventuell pürieren. Wirkung: Dieses Rezept kräftigt Nieren, Milz und Magen und ist besonders für Mütter mit zu wenig Milchfluss geeignet.

3.2 Apfel-Bananen-Creme

Reguliert Magen-Darm-Funktion, liefert Vitamin C, cholesterinsenkend, entzündungshemmend, harntreibend, fördert Durchblutung.
Anzahl Portionen: 4
Kalorien p. Portion 110
Gramm p. Portion 206,25
Kochdauer ca. 15 Min.
(Kohlehydrat:94,44% / Eiweiß & Fett:5,56%)
100g.≈ Eiweiß 0,84g. Fett:0,51g.
µg. - Ph:3,01 Na:0,49 Ka:38,02 Mg:2,73 Ca:2,25 Fe:0,1 Zn:0,01 Col.:0 Hsr.:3,19

Zutaten:
Apfel (sauer) 400 g. / 400g. (empfehlenswert)
Wasser 200 ml. / 200g. (ja)
Orange Schale 1/4 Stück / 5g. (ja)
Zitrone Schale 1/2 Stück / 2g. (ja)
Zucker braun 2 TL / 6g. (empfehlenswert)
Zimtstange 1 Stück / 0g. (ja)
Banane 1 Stück / 150g. (ja)
Acerola Fruchtnektar oder Pulver 1 TL / 2g. (ja)
Orangensaft 1/2 Stück / 50g. (empfehlenswert)
Zitrone Saft 1 EL / 10g. (ja)

Kochanleitung:
Apfel in feine Spalten schneiden, mit Wasser, Orangen- und Zitronenschale, Zucker und Zimt zum Kochen bringen und ca. 7 Min. köcheln lassen. Die Äpfel sollen fast weich sein. Acerola zufügen und Zimtstange entfernen. Mit dem Mixstab Apfel, Banane, Orangen- und Zitronensaft fein pürieren.

3.3 Apfelmus mit Rosinen

Stoppt Durchfall, fördert Verdauung, Appetit anregend, aktiviert den Kohlenhydratstoffwechsel.
Anzahl Portionen: 10
Kalorien p. Portion 74
Gramm p. Portion   115
Kochdauer ca.   25 Min.
Allergene: O
(Kohlehydrat:95,67% / Eiweiß & Fett:4,33%)
100g.≈ Eiweiß 0,32g. Fett:0,43g.
µg. - Ph:1,43 Na:0,36 Ka:15,92 Mg:0,6 Ca:0,79 Fe:0,04 Zn:0 Col.:0 Hsr.:1,39

Zutaten:
Apfel (süß) 1 Kg / 1000g. (empfehlenswert)
Wasser 100 ml. / 100g. (ja)
Rosinen 50 g. / 50g. (ja)

Kochanleitung:
Die Äpfel waschen, schälen, vierteln und dabei das Kerngehäuse entfernen. Mit dem Wasser in einen Topf geben und die mit heißem Wasser abgewaschenen Rosinen dazugeben. Bei schwacher Hitze etwa 10 Min. dünsten und abkühlen lassen. Mit dem Kartoffelstampfer zerdrücken. In Tiefkühlbeutel oder leere Joghurtbecher füllen und

verschließen. Im Tiefkühlfach einfrieren und bei Bedarf bei Zimmertemperatur etwa 6 Std. auftauen lassen (ca. 4 Monate haltbar). Das Obstmus ist als Nachtisch oder Zwischenmahlzeit gedacht. Es wirkt verdauungsfördernd. Bei Durchfall lieber Bananenmus geben.

3.4 Aprikosen-Preiselbeer-Eis

Erhöht Widerstandskraft gegen Infektionen, gut bei Mundschleimhautentzündung und Durchfall. Wirkt positiv auf Harnwegsorgane.

Anzahl Portionen: 2
Kalorien p. Portion   107
Gramm p. Portion   222,5
Kochdauer ca.   5 Min.
(Kohlehydrat:90,83% / Eiweiß & Fett:9,17%)
100g.≈ Eiweiß 1,91g. Fett:0,48g.
µg. - Ph:7,98 Na:0,94 Ka:107,17 Mg:4,69 Ca:8,02 Fe:0,03 Zn:0,01 Col.:0 Hsr.:8,57

Zutaten:
Marillen 350 g. / 350g. (ja)
Wasser 50 ml. / 50g. (ja)
Preiselbeere 3 EL / 45g. (ja)

Kochanleitung:
Aprikosensaft mit dem Preiselbeersirup vermischen. Den Saft in Schleckeis-Förmchen füllen, ins Tiefkühlfach stellen und in ca. 3 Std. gefrieren lassen.

3.5 Astronautenkost

Eiweißreiche Trinknahrung mit sehr hoher Energiedichte. Optimierter Eiweißanteil gleicht Stickstoffverluste aus und fördert die Proteinanabolie.

Anzahl Portionen: 1
Kalorien p. Portion   1.045
Gramm p. Portion   250
Kochdauer ca.   5 Min.
(Kohlehydrat:39,13% / Eiweiß & Fett:60,87%)
100g.≈ Eiweiß 115g. Fett:25g.
µg. - Ph:900 Na:290 Ka:1070 Mg:0 Ca:0 Fe:0 Zn:0 Col.:0 Hsr.:0

Zutaten:
Astronautenkost 1 Paket / 250g. (empfehlenswert)

Kochanleitung:
Nur nach Anweisung des Arztes oder Therapeuten verwenden.

3.6 Aufgeschlagene Banane

2 x tgl. essen, reguliert Magen-Darm-Funktion, wirkt stopfend.
Anzahl Portionen: 1
Kalorien p. Portion   144
Gramm p. Portion   150
Kochdauer ca.   7 Min.
(Kohlehydrat:94,54% / Eiweiß & Fett:5,46%)
100g.≈ Eiweiß 1,65g. Fett:0,3g.
µg. - Ph:28 Na:1 Ka:393 Mg:36 Ca:9 Fe:0,6 Zn:0,2 Col.:0 Hsr.:25

Zutaten:
Banane 1 Stück / 150g. (ja)

Kochanleitung:
Banane mit der Gabel zerdrücken oder mit einem Mixstab pürieren. Mindestens 5 Min. braun werden lassen.

3.7 Baby Bananenbrei

Reguliert Magen-Darm-Funktion, schont die Verdauungsorgane, entgiftet, gut bei Appetitlosigkeit, Blähungen, Darmentzündungen.
Anzahl Portionen: 1
Kalorien p. Portion   236
Gramm p. Portion   255
Kochdauer ca.   10 Min.
Allergene: AG
(Kohlehydrat:73,65% / Eiweiß & Fett:26,35%)
100g.≈ Eiweiß 3,45g. Fett:8,92g.
µg. - Ph:36,12 Na:1,63 Ka:183,45 Mg:24,69 Ca:9,47 Fe:0,25 Zn:0,14 Col.:9,41 Hsr.:23,92

Zutaten:
Wasser 125 ml. / 125g. (ja)
Weizen Flocken 20 g. / 20g. (ja)
Banane 100 g. / 100g. (ja)
Butter Bio 1 EL / 10g. (ja)

Kochanleitung:
Das Wasser mit den Flocken in einem kleinen Topf verrühren. Bei schwacher Hitze zum Kochen bringen, 1-2 Min. kochen lassen und dann von der Kochstelle nehmen. Die Banane in den Topf schneiden, die Butter zugeben und mit einem Mixstab pürieren. Den Bananenbrei in einen Teller füllen. Sie können statt Butter auch Maiskeimöl nehmen. Besonders dann, wenn der Brei nicht mehr so heiß ist, verteilt sich das Öl leichter und angenehmer. Wenn Sie statt Weizenflocken Buchweizen-, Hirse-, Mais- oder Reisflocken verwenden, ist der Brei glutenfrei.

3.8 Baby Frischer Vollkornbrei

Reguliert Magen-Darm-Funktion, entzündungshemmend, lindert Schmerzen, entgiftet, bakterizid.

Anzahl Portionen: 1
Kalorien p. Portion   337
Gramm p. Portion   348
Kochdauer ca.   15 Min.
Allergene: AG
(Kohlehydrat:75,5% / Eiweiß & Fett:24,5%)
100g.≈ Eiweiß 10,73g. Fett:7,49g.
µg. - Ph:94,72 Na:68,65 Ka:251,94 Mg:28,7 Ca:76,06 Fe:0,59 Zn:0,33 Col.:3,45 Hsr.:14,37

Zutaten:
Dinkel Vollkornmehl 25 g. / 25g. (ja)
Kuhmilch (Vollmilch 3,5 % Fett) 200 ml. / 200g. (empfehlenswert)
Honig 1 TL / 3g. (empfehlenswert)
Banane 1 Stück / 120g. (ja)

Kochanleitung:
Die Getreidekörner in einer Getreidemühle mehlfein mahlen. Sie können eventuell auch eine Kaffeemühle benutzen, sollten dann aber zweimal mahlen. Das Mehl mit der Milch in einem Topf anrühren und bei mittlerer Hitze zum Kochen bringen. Den Brei bei schwacher Hitze 4-5 Min. unter Rühren leicht kochen lassen. Dann den Honig zufügen. Die Banane mit einer Gabel ganz fein zerdrücken und ebenfalls unter den Brei ziehen. Den Brei in einen Teller füllen und etwas abkühlen lassen.

3.9 Baby Zartes Fenchel-Gemüse

Lindert Verstopfung, regt Nerven an, lindert Entzündungen, verbessert Durchblutung, regeneriert Haut, fördert Verdauung, harntreibend.

Anzahl Portionen: 2
Kalorien p. Portion   70
Gramm p. Portion   90
Kochdauer ca.   25 Min.
Allergene: G
(Kohlehydrat:45,79% / Eiweiß & Fett:54,21%)
100g.≈ Eiweiß 1,74g. Fett:4,28g.
µg. - Ph:21,28 Na:24,36 Ka:185,03 Mg:16,39 Ca:31,75 Fe:0,81 Zn:0,07 Col.:3,33 Hsr.:7,08

Zutaten:
Kartoffel 1 Stück / 50g. (ja)
Fenchel 100 g. / 100g. (ja)
Wasser 2 EL / 20g. (ja)
Butter Bio 1 EL / 10g. (ja)

Kochanleitung:
Die Kartoffel waschen und mit einem Sparschäler schälen. In etwa 2 cm große Würfel schneiden. Den Fenchel waschen, fleckige, dunkle Stellen entfernen und die Knolle kleinschneiden. Beides mit 2 EL Wasser in einem kleinen Topf zum Kochen bringen. Bei schwacher Hitze in etwa 15 Min. garen. Das Gemüse mit dem Pürierstab fein pürieren und dabei die Butter unterrühren. Fenchel beruhigt den Magen und beugen Blähungen vor. Außerdem enthält Fenchel besonders viel Vitamin C und Folsäure. Eine ideale Mahlzeit für kranke Kinder.

3.10 Bananen-Sojamilch

Gut bei Appetitlosigkeit, Mundschleimhautentzündung. Stärkt Körperenergie, fördert Verdauung, lindert Schmerzen, entgiftet, bakterizid.
Anzahl Portionen: 2
Kalorien p. Portion 126
Gramm p. Portion 263
Kochdauer ca. 5 Min.
Allergene: E
(Kohlehydrat:59,53% / Eiweiß & Fett:40,47%)
100g.≈ Eiweiß 7,49g. Fett:4,14g.
µg. - Ph:21,94 Na:251,11 Ka:110,08 Mg:13,31 Ca:9,78 Fe:0,4 Zn:0,11 Col.:0 Hsr.:33,68

Zutaten:
Banane 1 Stück / 120g. (ja)
Sojabohnenmilch 400 ml. / 400g. (ja)
Honig 1 TL / 3g. (empfehlenswert)
Zimtpulver 1 Prise / 1g. (ja)
Acerola Fruchtnektar oder Pulver 1 TL / 2g. (ja)

Kochanleitung:
Banane in Stücke schneiden, mit Sojamilch, Acerola, Honig und Zimt mit dem Mixstab pürieren.

3.11 Birne mit Kandiszucker und Klebereis

Fördert Verdauung, stärkt Milz und Magen, harntreibend.
Anzahl Portionen: 4
Kalorien p. Portion 218
Gramm p. Portion 323
Kochdauer ca. 50 min.
Allergene: GH
(Kohlehydrat:83,23% / Eiweiß & Fett:16,77%)
100g.≈ Eiweiß 3,3g. Fett:4,74g.
µg. - Ph:10,45 Na:0,66 Ka:14,65 Mg:5,15 Ca:3,38 Fe:0,1 Zn:0,02 Col.:0 Hsr.:4,07

Zutaten:
Birne 2 Stück / 300g. (ja)
Zucker Kandis weiß 1 TL / 4g. (empfehlenswert)
Zitrone 1/2 Stück / 10g. (ja)
Wasser 1/2 Liter / 500g. (ja)
Acerola Fruchtnektar oder Pulver 1 TL / 2g. (ja)
Reis Klebreis 1 Tasse / 120g. (ja)
Wasser 3 Tassen / 300g. (ja)
Mandelmus 2 EL / 20g. (ja)
Sahne, süß 30% 2 EL / 20g. (empfehlenswert)
Ahornsirup 1-2 EL / 15g. (empfehlenswert)
Zimtpulver 1 Prise / 1g. (ja)

Kochanleitung:
Halbierte Bio-Birne (mit Schale und Kernen) mit Kandiszucker und der halben Zitrone zugedeckt ca. 20 Min. köcheln lassen. Nach dem Auskühlen Acerola zugeben und den Reis mit Wasser (1:3) ca. 45 Min. zugedeckt auf kleinster Stufe weich kochen. Den Reis zu kleinen Kugeln formen. Die Reisbällchen mit den Birnen und dem Saft anrichten. Die Birnen mit dem Mandelmus und der Schlagsahne dekorieren. Wer es süßer mag, kann zusätzlich mit Ahornsirup süßen. Mit Zimt bestreuen.

3.12 Buddhistische Reissuppe

Leicht abführend. Hilft bei: Durchblutungsstörungen, Thrombose, Emboliegefahr, Bluthochdruck, Kopfschmerzen, Herzinfarkt und Schlaganfall.

Anzahl Portionen: 2
Kalorien p. Portion 280
Gramm p. Portion 301,5
Kochdauer ca. 2-4 Stunden
Allergene: G
(Kohlehydrat:79,85% / Eiweiß & Fett:20,15%)
100g.≈ Eiweiß 6,52g. Fett:5,84g.
µg. - Ph:21,61 Na:5,92 Ka:25,42 Mg:7,89 Ca:14,11 Fe:0,08 Zn:0,06 Col.:1,29 Hsr.:12,94

Zutaten:
Reis Sorte beliebig 1 Tasse / 120g. (ja)
Wasser 3 Tassen / 350g. (ja)
Butter Bio 1 EL / 10g. (ja)
Honig 1 TL / 3g. (empfehlenswert)
Kuhmilch (1,5 % Fett) 1 Tasse / 120g. (ja)

Kochanleitung:
Den Reis im Wasser kurz aufkochen und dann auf kleinster Stufe zugedeckt 2-4 Std. köcheln lassen. Am Ende der Kochzeit kann nach Belieben etwas Milch, Honig und Butter untergemengt werden. Dieses Grundrezept lässt sich geschmacklich (süß, salzig) beliebig erweitern. Die angegebene Menge reicht ca. für 4 Tage (im Kühlschrank aufbewahren). Variante: Mit Zimt oder Vanille lässt sich der Geschmack verfeinern.

3.13 Erdbeer-Joghurt-Mandelmus Mix

Lindert Schmerzen und Entzündungen bei Rheuma, leicht abführend, entgiftet, bakterizid. Gut bei akuter oder chronischer Verstopfung.

Anzahl Portionen: 3
Kalorien p. Portion 134
Gramm p. Portion 303,67
Kochdauer ca. 5 Min.
Allergene: GH
(Kohlehydrat:72,83% / Eiweiß & Fett:27,17%)
100g.≈ Eiweiß 4,53g. Fett:3,36g.
µg. - Ph:14,01 Na:4,45 Ka:50,73 Mg:5,21 Ca:17,13 Fe:0,28 Zn:0,02 Col.:0,12 Hsr.:6,49

Zutaten:
Joghurt (natur, 1,5 % Fett) 200 g / 200g. (ja)
Erdbeere 700 g. / 700g. (ja)
Honig 1 TL / 3g. (empfehlenswert)
Acerola Fruchtnektar oder Pulver 1 TL / 2g. (ja)
Mandelmus 2 TL / 6g. (ja)

Kochanleitung:
Joghurt, Erdbeeren, Acerola, Honig und Mandelmus im Mixer fein pürieren.

3.14 Fenchel-Reissuppe

Stärkt Magen, lindert Verstopfung, regt Nerven an, entgiftet, lindert Entzündungen, verbessert Durchblutung.
Anzahl Portionen: 2
Kalorien p. Portion   156
Gramm p. Portion   234
Kochdauer ca.   15-20 Min.
Allergene: EG
(Kohlehydrat:88,32% / Eiweiß & Fett:11,68%)
100g.≈ Eiweiß 3,57g. Fett:6,65g.
µg. - Ph:14,68 Na:32,47 Ka:82,14 Mg:105,79 Ca:110,69 Fe:0,54 Zn:0,06 Col.:1,92 Hsr.:4,9

Zutaten:
Grundrezept für eine Reissuppe 300 ml. / 300g. (ja)
Fenchel 1/2 Stück / 150g. (ja)
Butter Bio 1 EL / 15g. (ja)
Sojasauce 1 Schuss / 3g. (ja)

Kochanleitung:
Fenchel in der Reissuppe (nach Grundrezept) weich kochen. Vor dem Servieren ein Stück Butter und etwas Sojasoße zugeben.

3.15 Gefrorener Ananassaft

Lindert Entzündungen, harntreibend, reinigt die Haut.
Anzahl Portionen: 1
Kalorien p. Portion   29
Gramm p. Portion   50
Kochdauer ca.   1 1/2 Stunden
(Kohlehydrat:95,07% / Eiweiß & Fett:4,93%)
100g.≈ Eiweiß 0,25g. Fett:0,1g.
µg. - Ph:9 Na:2 Ka:173 Mg:17 Ca:16 Fe:0,4 Zn:0,3 Col.:0 Hsr.:7

Zutaten:
Ananas 50 g. / 50g. (ja)

Kochanleitung:
Ananas selbst entsaften oder Bio-Ananassaft in kleinen Portionen einfrieren und bei Bedarf lutschen.

3.16 Gefrorener Salbeitee

Salbei trocknet aus, gegen Hefepilzinfektionen.
Anzahl Portionen: 2
Kalorien p. Portion 16
Gramm p. Portion 255
Kochdauer ca. 1 1/2 Stunden
(Kohlehydrat:72,18% / Eiweiß & Fett:27,82%)
100g.≈ Eiweiß 0,53g. Fett:0,64g.
µg. - Ph:0 Na:0,49 Ka:0 Mg:0,49 Ca:2,45 Fe:0 Zn:0,02 Col.:0 Hsr.:0

Zutaten:
Salbei 1 EL / 10g. (ja)
Wasser 1/2 Liter / 500g. (ja)

Kochanleitung:
Salbei mit kochendem Wasser überbrühen und 10 Min. ziehen lassen. 30 Min. auskühlen lassen und in kleinen Portionen einfrieren. Nach Bedarf lutschen.

3.17 Gelbe Linsensuppe

Stärkt Milz, Herz und Nieren, harntreibend, beruhigt den Magen, fördert Verdauung, stärkt Immunsystem, beugt Krebs vor, reduziert Strahlenverletzungen, regt Leberfunktion an, antioxidativ.
Anzahl Portionen: 7
Kalorien p. Portion 155
Gramm p. Portion 324
Kochdauer ca. 20 min.
Allergene: A
(Kohlehydrat:73% / Eiweiß & Fett:27%)
100g.≈ Eiweiß 7,59g. Fett:1,91g.
µg. - Ph:0,84 Na:1,47 Ka:3,19 Mg:0,35 Ca:0,64 Fe:0,02 Zn:0,01 Col.:0 Hsr.:1,11

Zutaten:
Linsen gelb 1/2 Kg. / 500g. (ja)
Karotte (Mohrrübe, Möhre) 2 Stück / 150g. (ja)
Kohlrabi 1 Stück / 300g. (ja)
Zwiebel weiss 1 Stück / 50g. (ja)
Petersilie 1/2 Bund / 100g. (ja)

Kurkuma (Gelbwurz) 1 Prise / 1g. (ja)
Kardamom 1 Prise / 1g. (ja)
Salz 1 Prise / 1g. (wenig)
Olivenöl 1 EL / 10g. (ja)
Wasser 1 Liter / 1000g. (ja)
Zitrone Saft 1/2 Stück / 15g. (ja)
Weißbrot (Weizenbrot) 7 Scheiben / 140g. (ja)

Kochanleitung:
Linsen gründlich in einem Sieb waschen. In einem Topf Öl erhitzen, fein geschnittene Zwiebel, in Scheiben geschnittene Karotten, in Würfel geschnittenen Kohlrabi und Gewürze kurz darin anbraten und salzen. Linsen dazugeben und mit Wasser bedeckt 20 Min. köcheln lassen. Nach Bedarf mit Wasser ergänzen und mit Salz abschmecken. Mit frischer Petersilie oder frischem grünen Koriander bestreuen und mit Zitronensaft beträufeln. Hier kann man auch rote Linsen verwenden (gleiche Kochzeit). Mit Weißbrot servieren.

3.18 Gemüse-Grieß-Suppe

Harntreibend, harmonisiert Magen und Darm, senkt Blutdruck, regt Verdauung an, reduziert Schmerzen, senkt Cholesterinspiegel, entgiftet. Gut bei Appetitlosigkeit, Blähungen, Darmentzündungen, Sodbrennen, Zwölffingerdarmgeschwüren.

Anzahl Portionen: 3
Kalorien p. Portion 199
Gramm p. Portion 459,67
Kochdauer ca. 20 Min.
Allergene: AEGL
(Kohlehydrat:78,84% / Eiweiß & Fett:21,16%)
100g.≈ Eiweiß 6,38g. Fett:7,03g.
µg. - Ph:12,79 Na:13,89 Ka:69,81 Mg:18,98 Ca:66,25 Fe:0,28 Zn:0,04 Col.:0,39 Hsr.:8,64

Zutaten:
Grundrezept für eine Gemüsebrühe 1/2 Liter / 500g. (ja)
Kartoffel 1 Stück / 80g. (ja)
Pastinake 1 Stück / 180g. (ja)
Karotte (Mohrrübe, Möhre) 1 Stück / 120g. (ja)
Sellerie Knolle 150 g. / 150g. (ja)
Kohlrabi 1/2 Stück / 200g. (ja)
Bohnen (grün, frisch) 10 dag. / 100g. (ja)
Weizen Gries 2 EL / 24g. (ja)
Liebstöckel 1/2 TL / 2g. (ja)
Butter Bio 1 EL / 20g. (ja)
Sojasauce 1 TL / 3g. (ja)

Kochanleitung:
Vorbereitete Gemüsebrühe erhitzen und buntes Gemüse darin weich kochen. Etwas Weizengrieß einstreuen und quellen lassen. Am Schluss reichlich Liebstöckelgrün und etwas Butter unterrühren und mit Sojasoße abschmecken.

3.19 Gemüse-Kartoffel-Fleisch-Brei

Stärkt Immunsystem, lindert Entzündungen, verbessert Verdauung, stärkt Milz und Magen, stärkt Muskeln, Sehnen und Knochen, antiparasitär.

Anzahl Portionen: 2
Kalorien p. Portion 127
Gramm p. Portion 203
Kochdauer ca. 30 Min.
(Kohlehydrat:57,12% / Eiweiß & Fett:42,88%)
100g.≈ Eiweiß 7,67g. Fett:3,57g.
µg. - Ph:24,37 Na:10,8 Ka:87,08 Mg:6,49 Ca:12,42 Fe:0,62 Zn:0,2 Col.:1,8 Hsr.:11,45

Zutaten:
Kartoffel 100 g. / 100g. (ja)
Karotte (Frühkarotte) 200 g. / 200g. (ja)
Rind (Kalb) 40 g. / 40g. (ja)
Marillensaft 6 EL / 60g. (empfehlenswert)
Rapsöl 1 EL / 6g. (ja)

Kochanleitung:
Das Fleisch von Haut, Sehnen und Fettresten befreien, unter kühlem Wasser abspülen, in kleine Stücke schneiden und in wenig Wasser gar kochen. Nach ca. 15-20 Min. herausnehmen und pürieren. Das Gemüse und die Kartoffeln waschen, schälen und in nicht zu kleine Stücke schneiden. Mit wenig Wasser auf kleiner Flamme in 10-20 Min. weich kochen. Mit dem Pürierstab das Gemüse zerkleinern und alles vermischen. Butter oder Öl und Obstsaft hinzufügen und nochmals pürieren. Verwenden Sie abwechselnd andere Fleischsorten wie Huhn, Lamm oder Pute. Wechseln Sie auch beim Gemüse ab mit Zucchini, Kohlrabi, Fenchel, Kürbis, Pastinaken und Brokkoli. Wechseln Sie auch die Obstsäfte. Dadurch kann eine Vielfalt an Geschmacksrichtungen erzeugt werden.

3.20 Gemüsereis

Stärkt Magen, löst Stagnation, fördert Gewichtsabnahme, stärkt Nieren und Blase, harntreibend, erwärmt den Körper von innen, reguliert Innenorganfunktionen. Gut bei Abwehrschwäche, Appetitlosigkeit, Blähungen und Bluthochdruck.

Anzahl Portionen: 3
Kalorien p. Portion 304
Gramm p. Portion 274,73
Kochdauer ca. 30 Min.
Allergene: L
(Kohlehydrat:87,6% / Eiweiß & Fett:12,4%)
100g.≈ Eiweiß 8,1g. Fett:3,41g.
µg. - Ph:35,4 Na:5,75 Ka:46,63 Mg:34,07 Ca:82,12 Fe:0,49 Zn:0,07 Col.:0 Hsr.:15,52

Zutaten:
Brokkoli 50 g. / 50g. (ja)
Karotte (Mohrrübe, Möhre) 50 g. / 50g. (ja)
Kohlrabi 50 g. / 50g. (ja)
Blumenkohl (Karfiol) 30 g. / 30g. (ja)
Erbsen 20 g. / 20g. (ja)
Margarine 1 TL / 4g. (ja)
Reis Vollkorn 200 g / 200g. (ja)
Grundrezept für eine Gemüsebrühe nahrhaft 400 g. / 400g. (ja)
Petersilie 20 g. / 20g. (ja)
Pfeffer gemahlen 1 Prise / 0,2g. ()

Kochanleitung:
Brokkoli, Karotten und Kohlrabi in kleine Würfel schneiden und den Blumenkohl in kleine Röschen zerteilen. Die Margarine in einer Pfanne oder einem Topf erhitzen und das Gemüse darin andünsten. Anschließend den Reis zufügen, mit der Gemüsebrühe auffüllen und 15-20 Min. ausquellen lassen. In der Zwischenzeit die Petersilie fein hacken. Nach Garzeitende den Reis mit frisch gemahlenem Pfeffer und Petersilie abschmecken.

3.21 Gerstenbrei mit gedünsteter Birne

Fördert Verdauung, harntreibend, stärkt Milz und Magen, kühlt Blase, befeuchtet Darm und Haut, entspannt, schweißtreibend.

Anzahl Portionen: 5
Kalorien p. Portion 113
Gramm p. Portion 305,8
Kochdauer ca. 25 Min.
Allergene: A
(Kohlehydrat:86% / Eiweiß & Fett:14%)
100g.≈ Eiweiß 3,26g. Fett:0,72g.
µg. - Ph:1,16 Na:0,11 Ka:2,09 Mg:0,44 Ca:0,33 Fe:0,01 Zn:0,01 Col.:0 Hsr.:0,42

Zutaten:
Wasser 10 Tassen / 1200g. (ja)
Gerste 1 Tasse / 120g. (ja)
Ingwer frisch 2 Scheiben / 2g. (ja)
Kardamom 3 Kapseln / 1g. (ja)
Salz 1 Prise / 1g. (wenig)
Birne 1 Stück / 200g. (ja)
Zucker Ursüße (Zuckerrohr) süß 1/2 EL / 5g. (empfehlenswert)

Kochanleitung:
Die Gerste zu grobem Schrot mahlen und trocken anrösten. Heißes Wasser aufgießen, Ingwer und Kardamom hinzufügen und bei wenig Hitze zu einem Brei quellen lassen. Birne schälen und würfeln und mit wenig Wasser 10 Min. dünsten. Am Ende die gedünstete Birne mit etwas Butter und Süßmittel zur Gerste geben. Variante: Wenn es morgens schnell gehen soll, kann man an Stelle von Schrot Gerstenflocken verwenden.

3.22 Gersten-Gemüse-Suppe

Nährt Blut, harntreibend, entgiftet, stärkt Milz und Leber, senkt Blutdruck, bakterizid, stärkt Immunsystem, beugt Krebs vor, reduziert Strahlenverletzungen, fördert Verdauung, hilft Fett zu verdauen, harmonisiert Stoffwechsel.

Anzahl Portionen: 3
Kalorien p. Portion 281
Gramm p. Portion 304
Kochdauer ca. 2 Stunden
Allergene: AGL
(Kohlehydrat:73% / Eiweiß & Fett:27%)
100g.≈ Eiweiß 11,93g. Fett:5,74g.
µg. - Ph:9,75 Na:1,36 Ka:21,85 Mg:3,27 Ca:3,09 Fe:0,14 Zn:0,08 Col.:0,09 Hsr.:9,52

Zutaten:
Gerste 1 Tasse / 120g. (ja)
Shiitake, getrocknet 4 g. / 4g. (ja)
Zwiebel Schalotte 1 Stück / 20g. (ja)
Cumin (Kreuzkümmel) 1 Messerspitze / 0,5g. (ja)
Sonnenblumenöl 1 EL / 10g. (ja)
Wasser 300 ml / 250g. (ja)
Sellerie Stangensellerie 2 Äste / 20g. (ja)
Erbse, grün 250 g. / 250g. (ja)
Tomate 1 Stück / 50g. (ja)
Karotte (Mohrrübe, Möhre) 2 Stück / 150g. (ja)
Stangenbohnen (Fisolen) 1 Handvoll / 30g. (ja)
Salz 1 Prise / 1g. (wenig)
Pfeffer gemahlen 1 Prise / 0,5g. ()
Petersilie 1 TL / 3g. (ja)
Butter Bio 1 TL / 3g. (ja)

Kochanleitung:
Gerste am Abend einweichen. Am nächsten Tag die Pilze separat einweichen. Zwiebel und Cumin in Öl bräunen, dann mit Wasser aufkochen. Das kleingeschnittene Gemüse, etwas Salz, die Gerste und die Shiitakepilze hinzufügen und alles zu einer dicken Suppe weich kochen. Am Ende mit Pfeffer, Petersilie und etwas Butter abschmecken.

3.23 Gerstenschrotsuppe

Harntreibend, stärkt Magen, befeuchtet Darm, regt Leberfunktion an, antioxidativ, fördert Verdauung, entgiftet, reduziert Blutfett, regt an, löst Stagnation.

Anzahl Portionen: 2
Kalorien p. Portion 265
Gramm p. Portion 201
Kochdauer ca. 25 Min.
Allergene: A
(Kohlehydrat:75,62% / Eiweiß & Fett:24,38%)
100g.≈ Eiweiß 8,17g. Fett:6,42g.
µg. - Ph:56,06 Na:4,73 Ka:103,77 Mg:19,04 Ca:16,65 Fe:0,63 Zn:0,22 Col.:0,01 Hsr.:17,61

Zutaten:
Gerste 1 Tasse / 120g. (ja)
Salz 1 Prise / 1g. (wenig)
Ingwer frisch 1/2 TL / 1g. (ja)
Olivenöl 1 EL / 10g. (ja)

Petersilie 3 EL / 30g. (ja)
Wasser 2 Tassen / 240g. (ja)

Kochanleitung:
Gerste in der Pfanne trocken rösten, anschließend zu Schrot mahlen und mit Wasser, etwas Salz und Ingwer zu einem Brei kochen. Vor dem Servieren Öl und Petersilie unterheben. Variante: Man kann dem Gericht einen noch besseren Geschmack verleihen, indem man es mit vorbereiteter Gemüse- oder Fleischbrühe kocht.

3.24 Getreidekaffee mit Kardamom

Harntreibend, stärkt Magen, befeuchtet Darm, befeuchtet die Haut, entspannt, vermindert Fettgewebe.
Anzahl Portionen: 1
Kalorien p. Portion   4
Gramm p. Portion   136
Kochdauer ca.   5 Min.
(Kohlehydrat:98,58% / Eiweiß & Fett:1,42%)
100g.≈ Eiweiß 0,12g. Fett:0,08g.
µg. - Ph:1,29 Na:1,02 Ka:7,9 Mg:2,49 Ca:5,37 Fe:0,08 Zn:0,09 Col.:0 Hsr.:0

Zutaten:
Getreidekaffee 1 EL / 15g. (ja)
Kardamom 2 Kerne / 1g. (ja)
Wasser 1 Tasse / 120g. (ja)

Kochanleitung:
Wasser, Kaffee, Zucker und Kardamom aufkochen und setzen lassen.

3.25 Grießbrei mit Banane

Reguliert Magen-Darm-Funktion, befeuchtet Darm, entzündungshemmend, antiallergisch, kreislaufstabilisierend, kühlt innere Hitze, gut bei Durchblutungsstörungen.
Anzahl Portionen: 1
Kalorien p. Portion   307
Gramm p. Portion   284
Kochdauer ca.   15 Min.
Allergene: AG
(Kohlehydrat:66,17% / Eiweiß & Fett:33,83%)
100g.≈ Eiweiß 10,58g. Fett:10,73g.
µg. - Ph:116,7 Na:93,56 Ka:218,89 Mg:28,56 Ca:92,08 Fe:0,64 Zn:0,36 Col.:7,61 Hsr.:12,85

Zutaten:
Kuhmilch (Vollmilch 3,5 % Fett) 200 ml / 200g. (empfehlenswert)
Dinkel Gries 3 EL / 30g. (ja)
Butter Bio 1 TL / 4g. (ja)
Banane 1/2 Stück / 50g. (ja)

Kochanleitung:
Die Hälfte der Milch in einem kleinen Topf erhitzen, Grieß zufügen und aufkochen. Bei schwacher Hitze unter ständigem Rühren 3 Min. ausquellen lassen. Den Topf vom Herd nehmen, nach und nach die übrige Milch mit dem Schneebesen unterschlagen und den Brei in ein Schälchen geben. Die Butter und die zermuste Banane zufügen. Für Erwachsene kann eine Prise Zimt darübergestreut werden.

3.26 Grießklößchen mit Mascarpone und Erdbeersoße

Lindert Schmerzen und Entzündungen, leicht abführend, schont die Verdauungsorgane, entgiftet, wirkt bei Appetitlosigkeit, Blähungen, Darmentzündung, Fettsucht, Gicht, Magengeschwür, Magenkrämpfen, Rheuma, Sodbrennen und Zwölffingerdarmgeschwüren.

Anzahl Portionen: 3
Kalorien p. Portion 331
Gramm p. Portion 355
Kochdauer ca. 25 Min.
Allergene: AG
(Kohlehydrat:62% / Eiweiß & Fett:38%)
100g.≈ Eiweiß 9,72g. Fett:14,94g.
µg. - Ph:7,34 Na:2,6 Ka:15,7 Mg:1,52 Ca:7,48 Fe:0,08 Zn:0,03 Col.:0,51 Hsr.:2,62

Zutaten:
Kuhmilch (1,5 % Fett) 400 ml / 400g. (ja)
Weizen Gries 70g / 70g. (ja)
Zimtpulver 1 Prise / 0,5g. (ja)
Zitrone Schale 1 Prise / 1g. (ja)
Honig 1 TL / 3g. (empfehlenswert)
Vanilleschote 1 Prise / 0,5g. (ja)
Mascarpone 80 g. / 80g. ()
Erdbeere 500 g. / 500g. (ja)
Honig 1 EL / 10g. (empfehlenswert)

Kochanleitung:
Die Milch in einem kleinen Topf unter Rühren zum Kochen bringen. Grieß, Zimt und Zitronenschale einrühren und unter Rühren in 6 Min. einen dicken, festen Brei kochen. Grießbrei, Honig, Vanille und Mascarpone mit dem Handmixer zu einer glatten Masse verrühren. Die

Masse im Kühlschrank erkalten lassen. Für die Soße Erdbeeren mit Honig mixen. Ein paar Löffel Fruchtsoße auf einem großen Teller verteilen. Mit 2 Esslöffeln Klößchen aus der Grießmasse abstechen (um das Ankleben zu verhindern, immer wieder in kaltem Wasser abspülen). Die Klößchen auf den Fruchtspiegel setzen. Besonders schön sieht es aus, wenn das Dessert noch mit ein paar Beeren und Kräuterblättchen (z.B. Zitronenmelisse) garniert wird.

3.27 Grießklößchensuppe

Senkt Blutdruck, bakterizid, stärkt Immunsystem, beugt Krebs vor, reduziert Strahlenverletzungen, löst Stagnation, fördert Gewichtsabnahme. Gut bei Abwehrschwäche, Appetitlosigkeit, Blähungen, Bluthochdruck, Depressionen, Diabetes, Durchfall.

Anzahl Portionen: 3
Kalorien p. Portion 287
Gramm p. Portion 235,67
Kochdauer ca. 60 Min.
Allergene: ACGLO
(Kohlehydrat:74% / Eiweiß & Fett:26%)
100g.≈ Eiweiß 12,68g. Fett:16,24g.
µg. - Ph:7,29 Na:3,79 Ka:6,29 Mg:7,72 Ca:17,64 Fe:0,11 Zn:0,11 Col.:5,65 Hsr.:2,66

Zutaten:
Butter Bio 40 g. / 40g. (ja)
Huhn Ei 1 Stück / 65g. (ja)
Salz 1 Prise / 1g. (wenig)
Pfeffer gemahlen 1 Prise / 0,5g. ()
Muskatnuss 1 Prise / 1g. (ja)
Weizen Gries 80 g. / 80g. (ja)
Grundrezept für eine Rinderbrühe wärmend 1/2 Liter / 500g. (ja)
Petersilie 1 EL / 10g. (ja)
Lauchzwiebel Schnittlauch 1 EL / 10g. (ja)

Kochanleitung:
Die Zutaten für die Grießklößchen zu einem festen Teig kneten und 30 Min. quellen lassen. Die Brühe erhitzen. Dann mit einem Löffel Klößchen ausstechen, in die Brühe geben und ca. 20 Min. ziehen lassen. Vor dem Servieren gehackte Petersilie und in feine Röllchen geschnittenen Schnittlauch einstreuen.

3.28 Grießsuppe mit Gemüse

Senkt Blutdruck, stärkt Immunsystem, beugt Krebs vor, stärkt Magen, löst Stagnation, fördert Gewichtsabnahme. Gut bei Abwehrschwäche, Appetitlosigkeit, Blähungen, Bluthochdruck, Depressionen, Diabetes, Durchfall, Rheuma, Sodbrennen, Zwölffingerdarmgeschwür.

Anzahl Portionen: 3
Kalorien p. Portion 106
Gramm p. Portion 237,7
Kochdauer ca. 20 Min.
Allergene: AGL
(Kohlehydrat:85,32% / Eiweiß & Fett:14,68%)
100g.≈ Eiweiß 2,38g. Fett:4,25g.
µg. - Ph:8,65 Na:9,11 Ka:25,61 Mg:28,49 Ca:112,45 Fe:0,33 Zn:0,03 Col.:0 Hsr.:5,1

Zutaten:
Grundrezept für eine Gemüsebrühe 1/2 Liter / 500g. (ja)
Weizen Gries 2 EL / 20g. (ja)
Liebstöckel 1/2 TL / 2g. (ja)
Basilikum (frisch) 1/2 TL / 1g. (ja)
Muskatnuss 1 Prise / 0,1g. (ja)
Karotte (Mohrrübe, Möhre) 100 g. / 100g. (ja)
Sellerie Knolle 50 g. / 50g. (ja)
Sahne, süß 30% 3 EL / 30g. (empfehlenswert)
Petersilie 1 EL / 10g. (ja)

Kochanleitung:
Grieß ohne Fett in einer Pfanne anrösten. Kleingeschnittene Karotten und Sellerie kurz mitrösten. Mit der Gemüsesuppe aufgießen, mit Liebstöckel und Muskatnuss würzen und 10 Min. köcheln lassen. Vor dem Servieren die Sahne einrühren und mit Petersilie garnieren.

3.29 Grundrezept für eine Hühnerbrühe

Stärkt Blut, baut Milz und Magen auf, stärkt Knochenmark, senkt Blutdruck, bakterizid, stärkt Immunsystem, beugt Krebs vor, reduziert Strahlenverletzungen, fördert Schwitzen, löst Stagnation. Gut bei Appetitlosigkeit und Blähungen.

Anzahl Portionen: 9
Kalorien p. Portion 90
Gramm p. Portion 244,89
Kochdauer ca. 2-3 Stunden
Allergene: L
(Kohlehydrat:10,44% / Eiweiß & Fett:89,56%)
100g.≈ Eiweiß 15,69g. Fett:11,57g.
µg. - Ph:7,72 Na:5,27 Ka:16,86 Mg:1,2 Ca:3,41 Fe:0,1 Zn:0 Col.:0,25 Hsr.:8,27

Zutaten:
Huhn Fleisch 1/2 Stück / 600g. (ja)
Karotte (Mohrrübe, Möhre) 2 Stück / 150g. (ja)
Lauch (Porree) 1 Stange / 45g. (ja)
Sellerie Knolle 1 Stück / 500g. (ja)
Ingwer frisch 2 Scheiben / 2g. (ja)
Bockshornklee 1 TL / 2g. (ja)
Wacholderbeere 1 TL / 3g. (ja)
Lorbeerblatt 3 Stück / 2g. (ja)
Wasser 1 Liter / 900g. (ja)

Kochanleitung:
Hühnerteile von Fett befreien, in einen Topf mit heißem Wasser geben, kurz aufkochen lassen und entstehenden Schaum abschöpfen. Grob geschnittenes Gemüse und alle Gewürze zugeben und 2-3 Std. bei mittlerer Hitze kochen, dann alles abseihen. Tipp: Wenn Sie das Fleisch als Suppeneinlage verwenden möchten, bereits nach 45 Min. herausnehmen und nur die Knochen in der Suppe lassen.

3.30 Grundrezept für eine nahrhafte Gemüsebrühe

Senkt Blutdruck und Blutfett, bakterizid, stärkt Immunsystem, beugt Krebs vor, stärkt Magen, löst Stagnation, fördert Gewichtsabnahme, hilft bei Appetitlosigkeit, Blähungen, Bluthochdruck, Depressionen, Diabetes, Durchfall.

Anzahl Portionen: 5
Kalorien p. Portion   48
Gramm p. Portion   240,6
Kochdauer ca.   2-3 Stunden
Allergene: L
(Kohlehydrat:71,3% / Eiweiß & Fett:28,7%)
100g.≈ Eiweiß 1,57g. Fett:1,31g.
µg. - Ph:4,86 Na:3,67 Ka:25,68 Mg:1,8 Ca:6,32 Fe:0,1 Zn:0,01 Col.:0 Hsr.:2,78

Zutaten:
Olivenöl 1 EL / 4g. (ja)
Zwiebel weiss 1 Stück / 60g. (ja)
Karotte (Mohrrübe, Möhre) 3 Stück / 200g. (ja)
Pastinake 150 g. / 150g. (ja)
Sellerie Knolle 1 Tasse / 100g. (ja)
Ingwer frisch 1/2 TL / 2g. (ja)
Zitrone 1/2 Stück / 25g. (ja)
Wacholderbeere 6 Stück / 6g. (ja)
Thymian getrocknet 1 Prise / 1g. (ja)
Liebstöckel 1 EL / 3g. (ja)

Lorbeerblatt 2 Blätter / 1g. (ja)
Salz 1 Prise / 1g. (wenig)
Wasser 3/4 Liter / 650g. (ja)

Kochanleitung:
Gemüse würfelig schneiden. Öl in einem Topf erhitzen, die Zwiebel und das Gemüse darin anbraten, Ingwer und Lorbeer zugeben. Mit kaltem Wasser aufgießen, Zitronensaft zufügen und mit Wacholder, Thymian und Liebstöckel würzen. 2-3 Std. auf kleiner Stufe zugedeckt köcheln lassen. Brühe durch ein Sieb streichen und im Kühlschrank aufbewahren. Sie dient als Suppengrundlage und verfeinert Gemüse, Hülsenfrüchte oder Getreide.

3.31 Grundrezept für eine Reissuppe (Congee)
Niedriger Fettgehalt, zur Entwässerung des Körpers bei Übergewicht und Bluthochdruck.
Anzahl Portionen: 3
Kalorien p. Portion 140
Gramm p. Portion 273,33
Kochdauer ca. 2-4 Stunden
(Kohlehydrat:89,71% / Eiweiß & Fett:10,29%)
100g.≈ Eiweiß 2,96g. Fett:0,48g.
µg. - Ph:5,85 Na:0,58 Ka:5,02 Mg:3,41 Ca:1,72 Fe:0,03 Zn:0,02 Col.:0 Hsr.:6,34

Zutaten:
Reis Sorte beliebig 1 Tasse / 120g. (ja)
Wasser 6 Tassen / 700g. (ja)

Kochanleitung:
Man kocht Reis und Wasser in einem Verhältnis von etwa 1:6. Die Menge des Wassers bestimmt die Dicke des Breis (reine Geschmackssache). Der Reis quillt unwahrscheinlich auf, nehmen Sie also nicht viel. Geben Sie den Reis in einen Topf mit einem schweren Deckel. Wichtig ist, den Reis nach kurzem Aufkochen nur auf kleinster Stufe köcheln zu lassen, da er sonst anbrennt. Kochen Sie den Reis 2-4 Stunden. Je länger er kocht, desto stärkender wirkt er. Wenn Sie das Gericht zum Frühstück essen möchten, können Sie den Reis auch kurz vor dem Zubettgehen aufsetzen. Sicherheitshalber sollten Sie vorher einmal unter Beobachtung für eine ähnlich lange Zeit das Verhalten Ihres Topfes und Herdes prüfen, damit nichts anbrennt.

3.32 Grundrezept für eine Rinderbrühe

Stärkt Muskeln, Sehnen und Knochen, senkt Blutdruck, bakterizid, stärkt Immunsystem, beugt Krebs vor, reduziert Strahlenverletzungen, regt Verdauung an, reduziert Schmerzen, fördert Verdauung. Harntreibend, stillt Blutung. Rosmarin fördert Verdauung.

Anzahl Portionen: 10
Kalorien p. Portion 114
Gramm p. Portion 276
Kochdauer ca. 4-8 Stunden
Allergene: 0
(Kohlehydrat:22,24% / Eiweiß & Fett:77,76%)
100g.≈ Eiweiß 12,22g. Fett:4,1g.
µg. - Ph:5,14 Na:3,08 Ka:13,39 Mg:1,06 Ca:2,52 Fe:0,09 Zn:0,01 Col.:0,14 Hsr.:3,57

Zutaten:
Rind Suppenfleisch 500 g. / 500g. (ja)
Rind Fleischknochen 200 g. / 200g. (ja)
Essig (Rotweinessig) 1 Schuss / 3g. (ja)
Wacholderbeere 8 Stück / 6g. (ja)
Rosmarin 1 Prise / 1g. (ja)
Karotte (Mohrrübe, Möhre) 3 Stück / 210g. (ja)
Pastinake 2 Stück / 300g. (ja)
Lauch (Porree) 1 Stück / 200g. (ja)
Ingwer frisch 1/2 TL / 5g. (ja)
Liebstöckel 1 Stiel / 15g. (ja)
Nelke 2 Stück / 2g. (ja)
Piment 6 Stück / 12g. (ja)
Anis (gemeiner Fenchel) 2 Stück / 1g. (ja)
Salz 1 TL / 5g. (wenig)
Wasser 1 1/2 Liter / 1300g. (ja)

Kochanleitung:
Rotweinessig, Wacholderbeeren, Rosmarin, Knochen und Fleisch in Wasser zum Kochen bringen. Karotten, Pastinaken, Lauch, Ingwer, Liebstöckelgrün, Nelken, Piment, Sternanis und etwas Salz zufügen und alles 4-8 Std. köcheln und dann abseihen. Brühe im Kühlschrank aufbewahren.

3.33 Hirse mit Birnen

Erfrischend und nährend, fördert Verdauung, harntreibend, stillt Husten, treibt Schweiß, senkt Blutfett, regt an, löst Stagnation, baut Leber auf, stärkt Muskeln, befeuchtet Darm, senkt Cholesterinspiegel, antiparasitär.

Anzahl Portionen: 5
Kalorien p. Portion 213
Gramm p. Portion 238,4
Kochdauer ca. 35 Min.
Allergene: G
(Kohlehydrat:85,54% / Eiweiß & Fett:14,46%)
100g.≈ Eiweiß 3,91g. Fett:3,24g.
µg. - Ph:9,48 Na:0,56 Ka:21,43 Mg:4,96 Ca:2,64 Fe:0,24 Zn:0,02 Col.:0 Hsr.:3,84

Zutaten:
Hirse 1 Tasse / 120g. (ja)
Wasser 2 Tassen / 200g. (ja)
Traubensaft rot 2 Tassen / 240g. (empfehlenswert)
Birne 4 Stück / 600g. (ja)
Ingwer frisch 1/2 TL / 2g. (ja)
Salz 1 Prise / 1g. (wenig)
Acerola Fruchtnektar oder Pulver 1 TL / 2g. (ja)
Kakao 1 Prise / 1g. (ja)
Sonnenblumenkerne 2 EL / 4g. (ja)
Gerstenmalz 1/2 TL / 2g. (ja)
Sahne, süß 30% 2 TL / 20g. (empfehlenswert)

Kochanleitung:
Hirse in heißem Wasser aufsetzen und gar kochen. Danach: Traubensaft im Topf erwärmen und kleingeschnittene Birnen, sehr wenig geriebenen Ingwer, eine kleine Prise Salz, Acerola und eine Prise Kakao dazugeben und kurz andünsten. Die gekochte Hirse, Sonnenblumenkerne, etwas Gerstenmalz nach Belieben, 1 TL Sahne pro Portion oder etwas Butter untermengen und erhitzen.

3.34 Hirsebrei mit gedünsteten Birnen

Beruhigt Magen, stärkt Sehnen und Knochen, Nerven, Gewebe und Augen. Harntreibend, fördert Verdauung, aufbauend, entgiftend.

Anzahl Portionen: 3
Kalorien p. Portion 235
Gramm p. Portion 276,33
Kochdauer ca. 25 Min.
(Kohlehydrat:88% / Eiweiß & Fett:12%)
100g.≈ Eiweiß 4,66g. Fett:1,93g.
µg. - Ph:5,39 Na:0,22 Ka:10,43 Mg:2,89 Ca:1,38 Fe:0,15 Zn:0,06 Col.:0 Hsr.:2,11

Zutaten:
Hirse 1 Tasse / 100g. (ja)
Wasser 2 Tassen / 220g. (ja)
Kardamom 1 Prise / 0,5g. (ja)
Birne 1-2 Stk. Bio / 250g. (ja)
Salz 1 Prise / 0,2g. (wenig)
Traubensaft rot 1/4 Liter / 250g. (empfehlenswert)
Zimtpulver 1 Prise / 0,2g. (ja)
Nelke 2 Stück / 0,4g. (ja)
Zitrone Saft 1 EL / 8g. (ja)

Kochanleitung:
Hirse unter ständigem Rühren anrösten, bis sie duftet. Topf kurz abkühlen lassen und dann 2 Tassen heißes Wasser und Kardamom zugeben und auf kleiner Flamme zugedeckt 20 Min. köcheln lassen.1-2 Bio-Birnen vierteln, Kerngehäuse entfernen und auf Wunsch schälen. Ca. 250 ml roten Traubensaft sowie die restlichen Zutaten (Zimt, Nelken, Zitronensaft und eine Prise Salz) zufügen und einige Minuten zugedeckt weich dünsten.

3.35 Honigmilch

Beruhigend, gut bei Schlafstörungen, leicht abführend, lindert Schmerzen, entgiftet, bakterizid.
Anzahl Portionen: 1
Kalorien p. Portion 88
Gramm p. Portion 124
Kochdauer ca. 5 Min.
Allergene: G
(Kohlehydrat:52% / Eiweiß & Fett:48%)
100g.≈ Eiweiß 3,85g. Fett:4,2g.
µg. - Ph:92,52 Na:48,61 Ka:146,68 Mg:11,81 Ca:116,29 Fe:0,14 Zn:0,4 Col.:5,81 Hsr.:0

Zutaten:
Kuhmilch (Vollmilch 3,5 % Fett) 1 Tasse / 120g. (empfehlenswert)
Honig 1 TL / 4g. (empfehlenswert)

Kochanleitung:
Milch leicht erwärmen und den Honig zufügen. In kleinen Schlucken trinken.

3.36 Hühnersuppe mit Eigelb und Petersilie

Stärkt Blut, Knochenmark, Immunsystem und Sehkraft, baut Milz und Magen auf, senkt Blutdruck, bakterizid, harmonisiert Leber und Milz, entgiftet. Petersilie regt Leberfunktion an.

Anzahl Portionen: 2
Kalorien p. Portion 118
Gramm p. Portion 260
Kochdauer ca. 10 Min.
Allergene: CL
(Kohlehydrat:82,37% / Eiweiß & Fett:17,63%)
100g.≈ Eiweiß 16,35g. Fett:2,49g.
µg. - Ph:13,95 Na:17,66 Ka:18 Mg:49,59 Ca:138,8 Fe:0,55 Zn:0,05 Col.:6,53 Hsr.:4,43

Zutaten:
Grundrezept für eine Hühnerbrühe 1/2 Liter / 500g. (ja)
Huhn Eigelb 1 Stück / 10g. (ja)
Petersilie 1 EL / 10g. (ja)

Kochanleitung:
Brühe erhitzen und das Eigelb darin verquirlen. Die gehackte Petersilie drüberstreuen und ca. 2 Min. ziehen lassen und dann in kleinen Schlucken trinken.

3.37 Karotten mit Kartoffelschnee

Stärkt Blut, Nerven, Milz und Leber, senkt Blutdruck, bakterizid, stärkt Immunsystem, verbessert Verdauung, regeneriert Haut, harntreibend, senkt Cholesterinspiegel, fördert Stuhl und Urin.

Anzahl Portionen: 1
Kalorien p. Portion 316
Gramm p. Portion 322,2
Kochdauer ca. 30 Min.
Allergene: G
(Kohlehydrat:20,62% / Eiweiß & Fett:79,38%)
100g.≈ Eiweiß 11,66g. Fett:15,45g.
µg. - Ph:48,45 Na:21,59 Ka:208,07 Mg:18,24 Ca:23,84 Fe:1,22 Zn:0,5 Col.:15,52 Hsr.:26,23

Zutaten:
Karotte (Frühkarotte) 150 g. / 150g. (ja)
Schwein Fleisch 40 g. / 40g. (ja)
Kartoffel (mehlige) 100 g. / 100g. (ja)
Butter Bio 1 EL / 10g. (ja)
Honig 1/2 TL / 2g. (empfehlenswert)
Anis (gemeiner Fenchel) 1 Prise / 0,2g. (ja)
Wasser 2 EL / 20g. (ja)

Kochanleitung:
Die Karotten putzen, gründlich waschen, dünn schälen und in dünne Scheiben schneiden. Das Fleisch in Streifen schneiden. Die Kartoffeln waschen, in einem kleinen Topf mit wenig Wasser in etwa 15 Min. garen. Die Hälfte der Butter in einem Topf zerlassen, die Karotten und das Fleisch darin andünsten. Wenn nötig, noch 2-3 EL Wasser hinzufügen, den Deckel auflegen und alles bei schwacher Hitze in etwa 15 Min. garen. Den Honig, den Anis und die restliche Butter dazugeben und den Topf von der Kochstelle nehmen. Die Kartoffeln pellen und mit der Kartoffelpresse direkt auf den Teller
drücken. Die Honigkarotten darüber verteilen.

3.38 Karotten- Reisschleimsuppe

Gegen Durchfall, bei Fieber, bakterizid, stärkt Immunsystem, senkt Blutdruck.
Anzahl Portionen: 1
Kalorien p. Portion 101
Gramm p. Portion 224
Kochdauer ca. 10 Min.
(Kohlehydrat:96% / Eiweiß & Fett:4%)
100g.≈ Eiweiß 2,37g. Fett:0,4g.
µg. - Ph:27,48 Na:20,34 Ka:65,63 Mg:170,89 Ca:178,57 Fe:1,03 Zn:0,34 Col.:0 Hsr.:12,3

Zutaten:
Grundrezept für eine Reissuppe (Congee) 1 Tasse / 120g. (ja)
Karotte (Mohrrübe, Möhre) 2 Stück / 100g. (ja)
Salz 1 TL / 4g. (wenig)

Kochanleitung:
Karotten schälen und reiben. Die Reissuppe aufkochen und die geriebenen Karotten sowie Salz zufügen. 10 Min. kochen.

3.39 Karotten-Hirse-Auflauf mit Apfelkompott

Stärkt Milz und Leber, senkt Blutdruck, bakterizid, stärkt Immunsystem, beugt Krebs vor, reduziert Strahlenverletzungen, beruhigt Nerven und Magen, harntreibend. Gut bei chronischer Verstopfung.
Anzahl Portionen: 7
Kalorien p. Portion 349
Gramm p. Portion 347,86
Kochdauer ca. 1 Stunde
Allergene: CGH
(Kohlehydrat:64% / Eiweiß & Fett:36%)
100g.≈ Eiweiß 12,54g. Fett:12,54g.
µg. - Ph:1,79 Na:0,66 Ka:2,7 Mg:0,54 Ca:1,07 Fe:0,03 Zn:0,01 Col.:0,83 Hsr.:0,28

Zutaten:
Hirse 200 g / 200g. (ja)
Kuhmilch (Vollmilch 3,5 % Fett) 500 ml / 450g. (empfehlenswert)
Zitrone Schale 1/2 Stück / 2g. (ja)
Zucker braun 2 EL / 20g. (empfehlenswert)
Karotte (Mohrrübe, Möhre) 400 g. / 400g. (ja)
Ingwer frisch 2 TL / 6g. (ja)
Acerola Fruchtnektar oder Pulver 1 TL / 2g. (ja)
Mandelmus 50 g. / 50g. (ja)
Huhn Ei 4 Stück / 240g. (ja)
Joghurt (natur, 1,5 % Fett) 150 g. / 150g. (ja)
Butter Bio 1 TL / 4g. (ja)
Apfel (sauer) 4 Stück / 600g. (empfehlenswert)
Wasser 300 ml. / 300g. (ja)
Nelke 2 Stück / 1g. (ja)
Zucker braun 1 EL / 10g. (empfehlenswert)

Kochanleitung:
Backofen auf 100 Grad (Umluft 8o Grad, Gas Stufe 2) vorheizen. Die Hirse mit Milch, Zitronenschale und Zucker zum Kochen bringen. Zugedeckt 5 Min. leicht köcheln lassen und dann zugedeckt im vorgeheizten Ofen 20 Min. ausquellen lassen. Ofen auf mittlere Hitze schalten. Äpfel schälen und in kleine Stücke schneiden und mit Wasser, Nelken und Zucker etwa 5 Min. kochen. In einer Schüssel die Hirse mit den geriebenen Karotten, dem feingehackten Ingwer und Acerola vermischen. Mandelmus (oder Butter) mit dem Handrührgerät verrühren. Eigelb dazugeben und alles zu einer glatten Creme rühren. Sauerrahm, Hirse und Karotten untermischen. Eiweiß sehr steif schlagen und unter die Hirsemasse heben. Eine Auflaufform mit Butter ausstreichen, die Hirsemasse einfüllen und im vorgeheizten Ofen bei milder Hitze 45 Min. backen. Mit dem Apfelkompott servieren.

3.40 Karotten-Reis mit Hühnerfleisch

Stärkt Milz, Leber und Magen, senkt Blutdruck, bakterizid, stärkt Immunsystem, Blut, Knochenmark und Muskeln, liefert Vitamin C.
Anzahl Portionen: 2
Kalorien p. Portion 116
Gramm p. Portion 248
Kochdauer ca. 30 Min.
Allergene: G
(Kohlehydrat:55,1% / Eiweiß & Fett:44,9%)
100g.≈ Eiweiß 6,31g. Fett:6,16g.
µg. - Ph:23,8 Na:6,52 Ka:37,55 Mg:8,02 Ca:9,82 Fe:0,47 Zn:0,08 Col.:2,24 Hsr.:13,86

Zutaten:
Karotte (Frühkarotte) 150 g. / 150g. (ja)
Huhn Fleisch 40 g. / 40g. (ja)
Butter Bio 2 TL / 6g. (ja)
Wasser 250 ml. / 250g. (ja)
Reis Rundkornreis 30 g. / 30g. (ja)
Orangensaft 2 EL / 20g. (empfehlenswert)

Kochanleitung:
Die Karotten putzen, waschen, schälen und auf einer Reibe grob raspeln. Das Hühnerbrustfilet in kleine Würfel schneiden, in 1 TL Butter andünsten, die Karotten und den Reis dazugeben. Mit ¼ l Wasser aufgießen, zum Kochen bringen und bei schwacher Hitze in etwa 20 Min. garen. Den Karotten-Reis auf einen Teller füllen, die restliche Butter und den Orangensaft unterziehen.

3.41 Karottensuppe

Stärkt Milz und Leber, senkt Blutdruck, bakterizid, stärkt Immunsystem, beugt Krebs vor, reduziert Strahlenverletzungen, fördert Durchblutung, verbessert Medikamentenwirkung, regt Appetit und Leberfunktion an.
Anzahl Portionen: 4
Kalorien p. Portion   104
Gramm p. Portion   275,75
Kochdauer ca.   30 min.
Allergene: 0
(Kohlehydrat:71% / Eiweiß & Fett:29%)
100g.≈ Eiweiß 2,47g. Fett:2,63g.
µg. - Ph:1,6 Na:1,04 Ka:5,89 Mg:0,68 Ca:1,62 Fe:0,07 Zn:0,02 Col.:0 Hsr.:2,36

Zutaten:
Karotte (Mohrrübe, Möhre) 500 g. / 500g. (ja)
Pfeffer gemahlen 1 Prise / 0,5g. ()
Muskatnuss 1 Prise / 1g. (ja)
Salz 1 Prise / 1g. (wenig)
Weißwein 1/8 Liter / 125g. (wenig)
Orangensaft alternativ zum Wein / g. (empfehlenswert)
Petersilie 2 EL / 10g. (ja)
Paprika (Rosenpaprikapulver) 1 Prise / 1g. (ja)
Thymian getrocknet alternativ zu Rosenpaprika / g. (ja)
Pinienkerne 1 EL / 15g. (ja)
Sonnenblumenkerne alternativ zu Pinienkerne / g. (ja)
Wasser 1/2 Liter / 450g. (ja)

Kochanleitung:
Karotten schälen, in große Stücke schneiden und in heißem Wasser gar kochen, danach pürieren. Mit gemahlenem Pfeffer, etwas Muskat und einer Prise Salz würzen. Einen Schuss Weißwein oder alternativ Orangensaft zugeben und einige weitere Minuten köcheln lassen. Rosenpaprika oder frischen Thymian unterrühren. Petersilie drüber streuen und vor dem Servieren mit gerösteten Pinien- oder Sonnenblumenkernen bestreuen.

3.42 Kartoffelcreme mit Kräuter-Frischkäse

Gut bei Appetitlosigkeit, Schluckstörungen, Verstopfung, Blähungen und Übelkeit. Verbessert Verdauung, harntreibend, beugt Krebs vor, stärkt Magensaftproduktion, löst Stagnation, entkrampft und beruhigt.

Anzahl Portionen: 2
Kalorien p. Portion 217
Gramm p. Portion 218,5
Kochdauer ca. 25 Min.
Allergene: G
(Kohlehydrat:14% / Eiweiß & Fett:86%)
100g.≈ Eiweiß 8,76g. Fett:11,22g.
µg. - Ph:18,66 Na:18,04 Ka:73,64 Mg:4,87 Ca:13,9 Fe:0,13 Zn:0,09 Col.:4,84 Hsr.:2,24

Zutaten:
Kartoffel (mehlige) 250 g. / 250g. (ja)
Frischkäse 80 g. / 80g. (ja)
Joghurt (natur, 1,5 % Fett) 3 EL / 45g. (ja)
Lauchzwiebel Schnittlauch 1/2 Bund / 50g. (ja)
Basilikum (frisch) 1 TL / 4g. (ja)
Petersilie 1 TL / 4g. (ja)
Dill 1/2 TL / 2g. (ja)
Salz 1 Prise / 1g. (wenig)
Schwarzkümmel 1 Prise / 0,5g. (ja)
Pfeffer gemahlen 1 Prise / 0,5g. ()

Kochanleitung:
Kartoffeln in der Schale weich kochen, abziehen und durch die Kartoffelpresse drücken. Frischkäse, Joghurt und Kräuter unter die Kartoffeln mischen und mit Salz, zerstoßenem Schwarzkümmel und Pfeffer abschmecken.

3.43 Kartoffeln mit Quark-Soße

Verbessert Verdauung, harntreibend, senkt Cholesterinspiegel. Gut bei Körperschwäche, Magendruck, Aufstoßen, Diabetes, akute oder chronische Verstopfung des Darmes, Hautproblemen, gegen Blähungen, krampflösend bei Magen-Darm-Beschwerden.

Anzahl Portionen: 6
Kalorien p. Portion 413
Gramm p. Portion 323,33
Kochdauer ca. 45 Min.
Allergene: G
(Kohlehydrat:38% / Eiweiß & Fett:62%)
100g.≈ Eiweiß 18,46g. Fett:35,24g.
μg. - Ph:3,26 Na:1,14 Ka:7,47 Mg:0,69 Ca:2,52 Fe:0,01 Zn:0,02 Col.:0,18 Hsr.:0,32

Zutaten:
Kartoffel 1 Kg / 1000g. (ja)
Topfen (Quark) 20% 500 g. / 500g. (ja)
Sahne, süß 30% 200 g / 200g. (empfehlenswert)
Edamer 80 g. / 80g. (ja)
Dill 1 Bund / 100g. (ja)
Maiskeimöl 1 TL / 3g. (ja)
Pfeffer gemahlen 1 Prise / 0,2g. ()
Salz 1/2 TL / 1g. (wenig)
Sonnenblumenkerne 40 g. / 40g. (ja)

Kochanleitung:
Die Kartoffeln waschen und in reichlich Wasser ca. 20 Min. garen. Den Quark mit der Sahne und dem Käse cremig rühren. Die Sprossen waschen und fein hacken. Mit dem gehackten Dill unterrühren, mit Pfeffer, Salz und den Sonnenblumenkernen verrühren. Die Kartoffeln schälen, und mit dem Quark anrichten.

3.44 Linsen-Reis-Eintopf

Ist sehr nahrhaft, stärkt Herz, Milz und Nieren, senkt Blutdruck, bakterizid, harntreibend, beruhigt den Magen, fördert Verdauung, stärkt Immunsystem. Gut bei Durchblutungsstörungen, Thrombose, Emboliegefahr, Bluthochdruck, Kopfschmerzen.

Anzahl Portionen: 3
Kalorien p. Portion 232
Gramm p. Portion 306,67
Kochdauer ca. 25 Min.
Allergene: LNO
(Kohlehydrat:79% / Eiweiß & Fett:21%)
100g.≈ Eiweiß 5,19g. Fett:5,04g.
μg. - Ph:3,63 Na:1,18 Ka:8,86 Mg:1,61 Ca:2,12 Fe:0,07 Zn:0,03 Col.:0,02 Hsr.:4,92

Zutaten:
Linsen (Helmbohnen) 100 g. / 100g. (ja)
Wasser 5 Tassen / 500g. (ja)
Reis Sorte beliebig 1 Tasse / 120g. (ja)
Sesamöl 1 EL / 10g. (ja)
Karotte (Mohrrübe, Möhre) 2 Stück / 150g. (ja)
Sellerie Stangensellerie 2 Stangen / 20g. (ja)
Cumin (Kreuzkümmel) 1 Prise / 0,2g. (ja)
Salz 1 Prise / 0,5g. (wenig)
Essig (Apfelessig) 1 Schuss / 2g. (ja)
Petersilie 2 EL / 18g. (ja)

Kochanleitung:
Linsen am Vortag einweichen. Sesamöl in einem Topf erhitzen. Karotte und Stangensellerie klein schneiden und darin anbraten. Reis, eine Prise Cumin und Linsen dazugeben und aufkochen. Wenn die Linsen weich sind, Salz zugeben, mit etwas Essig abschmecken und mit Petersilie garnieren. Variante: Im Sommer kann man das Cumin weglassen und frische grüne Erbsen oder Chinakohl verwenden.

3.45 Mango-Bananen-Joghurt-Drink eiskalt

Harntreibend, stärkt Magen, beugt Krebs vor, reguliert Magen-Darm-Funktion. Gut bei Appetitlosigkeit, Mundschleimhautentzündung, chronischer Verstopfung.

Anzahl Portionen: 2
Kalorien p. Portion 121
Gramm p. Portion 226
Kochdauer ca. 5 Min.
Allergene: G
(Kohlehydrat:86,93% / Eiweiß & Fett:13,07%)
100g.≈ Eiweiß 2,73g. Fett:1,05g.
µg. - Ph:15,94 Na:7,47 Ka:102,09 Mg:10,74 Ca:22,08 Fe:0,14 Zn:0,04 Col.:0,28 Hsr.:5,73

Zutaten:
Mangosaft 100 ml. / 100g. (empfehlenswert)
Joghurt (natur, 1,5 % Fett) 100 g. / 100g. (ja)
Mineralwasser 100 ml. / 100g. (ja)
Banane 1/2 Stück / 150g. (ja)
Acerola Fruchtnektar oder Pulver 1 TL / 2g. (ja)

Kochanleitung:
Alle Zutaten und 2-3 Eiswürfel im Mixer fein pürieren.

3.46 Nudelsuppe

Schont die Verdauungsorgane, entgiftet, senkt Blutdruck, bakterizid, stärkt Immunsystem, Muskeln, Sehnen und Knochen, regt Leberfunktion an. Wirkt bei Appetitlosigkeit und Blähungen.

Anzahl Portionen: 8
Kalorien p. Portion 237
Gramm p. Portion 303,88
Kochdauer ca. 1 1/2 Stunden
Allergene: ACEGL
(Kohlehydrat:63,55% / Eiweiß & Fett:36,45%)
100g.≈ Eiweiß 14,74g. Fett:5,04g.
µg. - Ph:8,6 Na:5,71 Ka:23,73 Mg:2,3 Ca:3,96 Fe:0,15 Zn:0,02 Col.:0,34 Hsr.:7,1

Zutaten:
Rind Suppenfleisch 300 g. / 300g. (ja)
Wasser 1 Liter / 900g. (ja)
Lorbeerblatt 1 Stück / 1g. (ja)
Karotte (Mohrrübe, Möhre) 300 g. / 300g. (ja)
Sellerie Stangensellerie 1 Staude / 200g. (ja)
Blumenkohl (Karfiol) 300 g. / 300g. (ja)
Petersilie 1 Bund / 100g. (ja)
Nudeln (Weizen) mit Ei 300 g. / 300g. (ja)
Butter Bio 1 EL / 10g. (ja)
Salz 1 TL / 2g. (wenig)
Sojasauce 1 EL / 8g. (ja)
Tomatenmark 1 EL / 10g. (ja)

Kochanleitung:
Das Fleisch abwaschen und im Wasser mit dem Lorbeerblatt bei schwacher Hitze etwa 30 Min. köcheln lassen. Die Karotten schälen und in Scheiben schneiden. Von der Selleriestaude das untere Ende und die Blätter abtrennen. Die Stiele waschen, die zähen Fäden abziehen und die Stiele in etwa 1 cm dicke Scheiben schneiden. Rosenkohl waschen, putzen und dabei die Röschen von unten kreuzweise einschneiden. Die Petersilie waschen und klein schneiden. Rosenkohl und Karottenscheiben zur Suppe geben und alles etwa 30 Min. weiterkochen. Nach etwa 10 Min. den Sellerie samt grünen Blättern sowie die Nudeln dazugeben. Zum Schluss Lorbeerblatt und Selleriegrün entfernen. Die Suppe mit Salz, Sojasoße, Tomatenmark und der restlichen Petersilie würzen. Das Fleisch herausheben, von Fett und Knochen befreien und würfeln und in der Suppe servieren.

3.47 Petersilien-Cremesoße

Senkt Blutdruck, stärkt Immunsystem, stärkt Magen, löst Stagnation, verbessert Verdauung, senkt Cholesterinspiegel, regt Leberfunktion an, entgiftet.

Anzahl Portionen: 2
Kalorien p. Portion 118
Gramm p. Portion 234
Kochdauer ca. 25 Min.
Allergene: GL
(Kohlehydrat:81% / Eiweiß & Fett:19%)
100g.≈ Eiweiß 2,91g. Fett:5,51g.
µg. - Ph:9,31 Na:4,41 Ka:34,59 Mg:20,78 Ca:79,47 Fe:0,2 Zn:0,07 Col.:1,12 Hsr.:1,84

Zutaten:
Grundrezept für eine Gemüsebrühe 300 g. / 300g. (ja)
Kartoffel 100 g. / 100g. (ja)
Petersilie 1 Bund / 15g. (ja)
Muskatnuss 1 Prise / 0,5g. (ja)
Koriander 1/2 TL / 1g. (ja)
Sauerrahm 15% Fett 50 g. / 50g. (empfehlenswert)
Fenchelsamen gemahlen 1/2 TL / 1g. (ja)
Ingwer Pulver 1 Prise / 0,5g. (ja)

Kochanleitung:
Gemüsebrühe (nach Grundrezept) mit geschälten, gewürfelten Kartoffeln, der Hälfte der fein gehackten Petersilie und Muskat zum Kochen bringen. Zugedeckt köcheln lassen, bis die Kartoffeln weich sind. Mit dem Mixstab Gemüsebrühe, Kartoffeln, die restliche frisch gehackte Petersilie, Fenchel, Ingwer und Sauerrahm zu einer glatten Soße pürieren.

3.48 Porridge

Stärkt Abwehrkraft und wirkt leicht abführend.

Anzahl Portionen: 2
Kalorien p. Portion 207
Gramm p. Portion 169
Kochdauer ca. 15 min.
Allergene: AG
(Kohlehydrat:67% / Eiweiß & Fett:33%)
100g.≈ Eiweiß 5,7g. Fett:8,35g.
µg. - Ph:27,06 Na:5,58 Ka:30,8 Mg:7,53 Ca:15,29 Fe:0,22 Zn:0,23 Col.:0,56 Hsr.:6,61

Zutaten:
Hafer Flocken (Vollkorn) 8 EL / 60g. (ja)
Wasser 1/8 Liter / 125g. (ja)
Kuhmilch (Vollmilch 3,5 % Fett) 1/8 Liter / 125g. (empfehlenswert)
Salz 1 Prise / 0,3g. (wenig)
Sahne, süß 30% 2 EL / 20g. (empfehlenswert)
Zucker Ursüße (Zuckerrohr) süß 1 EL / 8g. (empfehlenswert)

Kochanleitung:
Wasser, Milch und eine Prise Salz aufkochen. 4 EL grobe Haferflocken einstreuen und zu einem Brei verkochen, 4 EL feine Haferflocken mitkochen, vom Herd nehmen und ausquellen lassen. In eine vorgewärmte Schüssel geben und mit flüssiger Sahne übergießen. Porridge gilt als magenschonend und wird auch bei Auftreten von Durchfall verabreicht, da er durch seinen hohen Flüssigkeitsgehalt neben Suppe oder Reisbrei gut dazu geeignet ist, den hierbei auftretenden Flüssigkeitsverlust auszugleichen.

3.49 Preiselbeer-Joghurt-Mix

Gut bei akuter oder chronischer Verstopfung, Mundschleimhautentzündung, Durchfall, Blähungen, Reizdarm.
Anzahl Portionen: 2
Kalorien p. Portion 57
Gramm p. Portion 197,5
Kochdauer ca. 5 Min.
Allergene: GO
(Kohlehydrat:75,06% / Eiweiß & Fett:24,94%)
100g.≈ Eiweiß 2,13g. Fett:1,02g.
µg. - Ph:14,34 Na:11,73 Ka:26,32 Mg:5,43 Ca:33,22 Fe:0,03 Zn:0,03 Col.:0,4 Hsr.:0,41

Zutaten:
Joghurt (natur, 1,5 % Fett) 125 g. / 125g. (ja)
Preiselbeermarmelade 2 EL / 20g. (ja)
Mineralwasser 250 ml. / 250g. (ja)

Kochanleitung:
Joghurt, Preiselbeer-Marmelade und Mineralwasser mit dem Standmixer schaumig rühren.

3.50 Quarkknödel auf Erdbeermus

Erdbeeren stärken Milz, Magen und Blut. Eier beruhigen Nerven und Magen.

Anzahl Portionen: 5
Kalorien p. Portion 553
Gramm p. Portion 296,2
Kochdauer ca. 30 Min.
Allergene: ACG
(Kohlehydrat:40,09% / Eiweiß & Fett:59,91%)
100g.≈ Eiweiß 18,89g. Fett:46,85g.
µg. - Ph:26,63 Na:18,36 Ka:29,44 Mg:4,74 Ca:12,16 Fe:0,21 Zn:0,02 Col.:2,41 Hsr.:3,59

Zutaten:
Topfen (Quark) 20% 500 g. / 500g. (ja)
Dinkel Gries 150 g. / 150g. (ja)
Butter Bio 40 g. / 40g. (ja)
Huhn Ei 2 Stück / 120g. (ja)
Zucker (Staubzucker) 2 EL / 20g. (empfehlenswert)
Salz 1 Prise / 1g. (wenig)
Brösel (Weizenbrot, Semmel) 3 EL / 25g. (ja)
Butter Bio 100 g. / 100g. (ja)
Erdbeere 500 g. / 500g. (ja)
Zucker (Staubzucker) 3 EL / 25g. (empfehlenswert)

Kochanleitung:
Quark, Grieß, Butter, Eier, Puderzucker und Salz zu einem glatten Teig verrühren. Den Teig ca. 15 Min. im Kühlschrank ruhen lassen. Danach kleine Knödel (ca. 4 cm) formen und in leicht kochendem Salzwasser ca. 10 Min. ziehen lassen. In einer Pfanne Butter erwärmen und die Brösel darin goldbraun anrösten. Die Knödel vorsichtig in den Bröseln wälzen. Aus Erdbeeren und Puderzucker mit dem Mixstab ein Mus pürieren und zu den Knödeln reichen.

3.51 Reis mit gedämpftem Gemüse

Senkt Blutdruck, bakterizid, harntreibend, stärkt Immunsystem, beugt Krebs vor, reduziert Strahlenverletzungen. Gut bei Durchblutungsstörungen, Thrombose, Emboliegefahr, Kopfschmerzen, Herzinfarkt und Schlaganfall.

Anzahl Portionen: 2
Kalorien p. Portion 167

Gramm p. Portion   310,5
Kochdauer ca.   20 min
Allergene: L
(Kohlehydrat:82,32% / Eiweiß & Fett:17,68%)
100g.≈ Eiweiß 4,33g. Fett:2,26g.
µg. - Ph:16,63 Na:5,67 Ka:52,64 Mg:6,29 Ca:11,8 Fe:0,4 Zn:0,07 Col.:0 Hsr.:12,64

Zutaten:
Reis Sorte beliebig 1/2 Tasse / 60g. (ja)
Wasser 3 Tassen / 300g. (ja)
Zitrone Schale 1 Stück / 3g. (ja)
Wasser 1/8 Liter / 0g. (ja)
Karotte (Mohrrübe, Möhre) 2 Stück / 180g. (ja)
Sellerie Stangensellerie 1/2 Stück / 5g. (ja)
Champignon 1/2 Tasse / 50g. (ja)
Kresse 2 EL / 20g. (ja)
Leinöl 1 Schuss / 3g. (ja)

Kochanleitung:
Reis nach Grundrezept kochen, dabei ein Stück Zitronenschale mitkochen. Wasser aufstellen und kleingeschnittene Karotten, Stangensellerie und Champignons im Gemüseeinsatz dämpfen, bis sie weich sind. Anschließend mit Kresse bestreuen und zuletzt einen Schuss hochwertiges Öl zugeben.

3.52 Reis mit Pastinake

Vitaminreich, Mineralstoffe Kalium und Zink. Bei Durchblutungsstörungen, Thrombose, Emboliegefahr, Bluthochdruck, Kopfschmerzen, Herzinfarkt, Schlaganfall, Hefepilzinfektionen.
Anzahl Portionen: 3
Kalorien p. Portion   206
Gramm p. Portion   261,33
Kochdauer ca.   45 Min.
(Kohlehydrat:78,37% / Eiweiß & Fett:21,63%)
100g.≈ Eiweiß 5,17g. Fett:4,53g.
µg. - Ph:20,16 Na:2,09 Ka:94,99 Mg:7,61 Ca:10,6 Fe:0,15 Zn:0,07 Col.:0 Hsr.:12,18

Zutaten:
Reis Sorte beliebig 1 Tasse / 120g. (ja)
Wasser 2 Tassen / 200g. (ja)
Salz 1 Prise / 1g. (wenig)
Pastinake 3-4 Stück / 450g. (ja)
Olivenöl 1 EL / 10g. (ja)
Salbei 1 TL / 3g. (ja)

Kochanleitung:
Pastinake schälen und in Scheiben schneiden. Kurz in Öl anbraten. Reis hinzugeben und kurz mitbraten. Mit Wasser übergießen und mindestens 30 Min. lang kochen lassen. Mit etwas frischem gehacktem Salbei bestreuen.

3.53 Reisnudelsuppe mit Shiitakepilzen

Sehr leicht und kräftigend zugleich, stärkt das Immunsystem.
Anzahl Portionen: 2
Kalorien p. Portion 65
Gramm p. Portion 173
Kochdauer ca. 20 Min.
Allergene: L
(Kohlehydrat:86% / Eiweiß & Fett:14%)
100g.≈ Eiweiß 3,23g. Fett:1,3g.
µg. - Ph:13,08 Na:44,73 Ka:17,94 Mg:24,74 Ca:81,93 Fe:0,21 Zn:0,07 Col.:0 Hsr.:7,24

Zutaten:
Reisnudeln 2 Handvoll / 20g. (ja)
Shiitake, getrocknet 4-6 Stück / 5g. (ja)
Grundrezept für eine Gemüsebrühe 2 Tassen / 240g. (ja)
Chinakohl 1 Tasse / 60g. (ja)
Liebstöckel 1 TL / 3g. (ja)
Miso 2 EL / 18g. (ja)

Kochanleitung:
Reisnudeln und Shiitakepilze getrennt in kaltem Wasser einweichen. Gemüsebrühe erhitzen und eingeweichte, in Streifen geschnittene Shiitakepilze zugeben und leicht köcheln. Chinakohl nudelig schneiden, Liebstöckelgrün und Reisnudeln zugeben und kurz ziehen lassen. Vor dem Servieren in etwas abgekühltem Kochwasser gelöstes Miso einrühren. Empfehlung: geeignet zu Beginn jeder Mahlzeit, auch als Frühstück

3.54 Reissuppe mit geraspelten Karotten

Harntreibend, erwärmt den Körper von innen, erweitert die Gefäße, stärkt die Muskeln, reguliert Innenorganfunktionen, senkt Blutdruck, bakterizid, stärkt Immunsystem, beugt Krebs vor, reduziert Strahlenverletzungen, fördert Verdauung.

Anzahl Portionen: 4
Kalorien p. Portion 131
Gramm p. Portion 227
Kochdauer ca. 5 min.
Allergene: EG
(Kohlehydrat:86% / Eiweiß & Fett:14%)
100g.≈ Eiweiß 2,24g. Fett:1,24g.
µg. - Ph:2,54 Na:1,11 Ka:2,18 Mg:1,23 Ca:0,74 Fe:0,03 Zn:0,02 Col.:0,05 Hsr.:1,06

Zutaten:
Reis Wilder (Naturreis) 1 Tasse / 100g. (ja)
Wasser 6 Tassen / 700g. (ja)
Karotte (Mohrrübe, Möhre) 1 Stück / 100g. (ja)
Sojasauce 1 Schuss / 2g. (ja)
Butter Bio 1 TL / 3g. (ja)
Kümmel 1 Prise / 0,3g. (ja)
Kräuter verschiedene 1 TL gehackt / 3g. (ja)

Kochanleitung:
In einer Portion Reis-Congee (nach Grundrezept) eine geraspelte Karotte weich kochen, Butter und Sojasoße zufügen und mit frischen Kräutern bestreuen. Gewürze und Kräuter: Schwarzkümmel, Kurkuma, Kardamom, Petersilie, Salbei, Thymian, Basilikum, Rosmarin.
Winter: Pastinake, Sellerie, Zwiebel, Lauch, Kürbis.
Sommer: Tomate, Zucchini, Frühlingszwiebel, Radieschen, Rucola.

3.55 Rinderbrühe mit Eigelb

Stärkt Muskeln, Sehnen und Knochen, senkt Blutdruck, bakterizid, stärkt Immunsystem.

Anzahl Portionen: 1
Kalorien p. Portion 174
Gramm p. Portion 275
Kochdauer ca. 5 Min.
Allergene: CO
(Kohlehydrat:79,01% / Eiweiß & Fett:20,99%)
100g.≈ Eiweiß 13,95g. Fett:11,42g.
µg. - Ph:95,65 Na:29,33 Ka:23,55 Mg:84,18 Ca:199,09 Fe:1,38 Zn:1,25 Col.:115,67 Hsr.:3,82

Zutaten:
Grundrezept für eine Rinderbrühe 1/4 Liter / 250g. (ja)
Huhn Eigelb 1 Stück / 25g. (ja)

Kochanleitung:
Rindersuppe (nach Grundrezept für eine Rinderbrühe hergestellt) aufwärmen und das Dotter darin verquirlen.

3.56 Süßreis mit Äpfeln

Stoppt Durchfall, fördert Verdauung, regt Appetit an, stoppt Husten, ist harntreibend und liefert viele Antioxidantien.

Anzahl Portionen: 4
Kalorien p. Portion   155
Gramm p. Portion   345,25
Kochdauer ca.   25 Min.
Allergene: H
(Kohlehydrat:79% / Eiweiß & Fett:21%)
100g.≈ Eiweiß 4,48g. Fett:6,38g.
µg. - Ph:2,76 Na:0,17 Ka:7,5 Mg:1,36 Ca:1 Fe:0,04 Zn:0,02 Col.:0 Hsr.:1,19

Zutaten:
Reis Süßer 1 Tasse / 100g. (ja)
Wasser 6 Tassen / 600g. (ja)
Apfelsaft (Naturtrüb) 1 Tasse / 120g. (empfehlenswert)
Apfel (süß) 2 Stück / 300g. (empfehlenswert)
Aprikose 2 Stück / 200g. (empfehlenswert)
Zimtpulver 1 Prise / 0,3g. (ja)
Kardamom 1 Prise / 0,2g. (ja)
Ingwer Pulver 1 Messerspitze / 0,3g. (ja)
Salz 1 Prise / 0,3g. (wenig)
Zitrone 1/2 in Stücke geschnitten / 10g. (ja)
Kakao 1 Prise / 0,5g. (ja)
Mandelmus 2 EL / 20g. (ja)
Gerstenmalz 1 EL / 10g. (ja)
Haselnüsse 2 EL / 20g. (ja)

Kochanleitung:
Süßreis in heißem Wasser gar kochen. Den Apfelsaft erhitzen, süße Äpfel, Aprikosen oder anderes süßes Obst (neutral oder warm) kleingeschnitten zugeben und zusammen mit Zimt, Kardamom, geriebenem Ingwer, etwas Salz, geriebener Zitronenschale und wenig Kakao einige Minuten köcheln lassen. Süßreis mit etwas Mandelmus und Gerstenmalz erhitzen und mit gerösteten Nüssen bestreuen.

3.57 Tee aus Anissamen

Anis (gemeiner Fenchel) fördert Verdauung, stärkt Magen und Milz.
Anzahl Portionen: 4
Kalorien p. Portion 3
Gramm p. Portion 125,75
Kochdauer ca. 15 Min.
(Kohlehydrat:51,11% / Eiweiß & Fett:48,89%)
100g.≈ Eiweiß 0,14g. Fett:0,12g.
µg. - Ph:0,71 Na:0,27 Ka:2,06 Mg:0,5 Ca:2,29 Fe:0 Zn:0,01 Col.:0 Hsr.:0

Zutaten:
Anis (gemeiner Fenchel) 1 TL / 3g. (ja)
Wasser 1/2 Liter / 500g. (ja)

Kochanleitung:
Wasser zum Kochen bringen und beiseite stellen. Anis zugeben, 10 Min. ziehen lassen und durch ein Teesieb abgießen. Nach Geschmack mit Honig süßen. Um eine heilsame Wirkung zu erzielen, sollte man pro Tag 2 Tassen Anis-Tee trinken.

3.58 Tee aus Fenchel

Harmonisiert Magen, lindert Blähungen.
Anzahl Portionen: 4
Kalorien p. Portion 0
Gramm p. Portion 130
Kochdauer ca. 10 min
(Kohlehydrat:0% / Eiweiß & Fett:0%)
100g.≈ Eiweiß 0g. Fett:0g.
µg. - Ph:0 Na:0,24 Ka:0 Mg:0,24 Ca:1,2 Fe:0 Zn:0,01 Col.:0 Hsr.:0

Zutaten:
Fencheltee 2 EL / 20g. (ja)
Wasser 1/2 Liter / 500g. (ja)

Kochanleitung:
Wasser zum Kochen bringen und beiseite stellen. Fencheltee dazugeben und 10 Min. ziehen lassen. Abseihen und nach Geschmack mit Honig süßen.

3.59 Tee aus Kamille

Gut bei Blähungen, Brechreiz, Darmkrämpfen, Durchfall, Entzündung der Mundschleimhaut, grippalen Infekten, Magen- und Darmschleimhautentzündung, schlecht heilenden Wunden, Übelkeit, Erkältungskrankheiten, Hautausschlägen, Entzündungen im Genital- und After.

Anzahl Portionen: 1
Kalorien p. Portion 0
Gramm p. Portion 123
Kochdauer ca. 10 Min.
(Kohlehydrat:0% / Eiweiß & Fett:0%)
100g.≈ Eiweiß 0g. Fett:0g.
µg. - Ph:0 Na:0,98 Ka:0 Mg:0,98 Ca:4,88 Fe:0,01 Zn:0,1 Col.:0 Hsr.:0

Zutaten:
Kamille 1 TL / 3g. (ja)
Wasser 1 Tasse / 120g. (ja)

Kochanleitung:
Wasser zum Kochen bringen und beiseite stellen. Kamillenblüten zugeben und 10 Min. ziehen lassen, dann abseihen.

3.60 Tee aus Käsepappel

Hilft bei Magenschmerzen und Gastritis.

Anzahl Portionen: 2
Kalorien p. Portion 0
Gramm p. Portion 257
Kochdauer ca. 10 Min.
(Kohlehydrat:0% / Eiweiß & Fett:0%)
100g.≈ Eiweiß 0g. Fett:0g.
µg. - Ph:0 Na:0,49 Ka:0 Mg:0,49 Ca:2,43 Fe:0 Zn:0,02 Col.:0 Hsr.:0

Zutaten:
Käsepappeltee 2 EL / 14g. (ja)
Wasser 1/2 Liter / 500g. (ja)

Kochanleitung:
Wasser zum Kochen bringen und beiseite stellen. Käsepappeltee dazugeben und 10 Min. ziehen lassen. Nach Geschmack mit Honig süßen. Beim Eingießen abseihen.

3.61 Tee aus Malven

Lindert Reizhusten, beruhigt Schleimhäute in Mund- und Rachenraum, Hals, Magen und Darm, hemmt Entzündungen, leicht zusammenziehend (adstringierend).

Anzahl Portionen: 4
Kalorien p. Portion 0
Gramm p. Portion 126
Kochdauer ca. 10 Min.
(Kohlehydrat:0% / Eiweiß & Fett:0%)
100g.≈ Eiweiß 0g. Fett:0g.
µg. - Ph:0 Na:0,06 Ka:0 Mg:0,06 Ca:0,31 Fe:0 Zn:0,01 Col.:0 Hsr.:0

Zutaten:
Malventee 2 Teebeutel / 4g. (ja)
Wasser 1/2 Liter / 500g. (ja)

Kochanleitung:
Wasser zum Kochen bringen und beiseite stellen. Malve zugeben und 10 Min. ziehen lassen. Nach Geschmack mit Honig süßen.

3.62 Tee aus Rooibos

Antioxidativ, entzündungshemmend, antibakteriell, antiviral, antifungal, entgiftend (basisch), krebshemmend, schützt durch enthaltene Flavonoide, positive Wirkung bei Alzheimer und Arteriosklerose. Antiallergisch, hemmt die Histaminausschüttung.

Anzahl Portionen: 5
Kalorien p. Portion 0
Gramm p. Portion 200,8
Kochdauer ca. 10 Min.
(Kohlehydrat:0% / Eiweiß & Fett:0%)
100g.≈ Eiweiß 0g. Fett:0g.
µg. - Ph:0 Na:0,2 Ka:0 Mg:0,2 Ca:1 Fe:0 Zn:0 Col.:0 Hsr.:0

Zutaten:
Wasser 1 Liter / 1000g. (ja)
3-4 TL Rooibos Tee

Kochanleitung:
Rooibos mit einem Liter kochenden Wasser überbrühen und 6-10 Min. ziehen lassen. Bei weichem Wasser können Sie weniger Tee für die Zubereitung nehmen, bei härterem Wasser empfehlen wir eine höhere Dosierung.

3.63 Tee aus Salbei

Salbei trocknet aus, gegen Hefepilzinfektionen.
Anzahl Portionen: 4
Kalorien p. Portion 5
Gramm p. Portion 126,5
Kochdauer ca. 15 Min.
(Kohlehydrat:72,18% / Eiweiß & Fett:27,82%)
100g.≈ Eiweiß 0,16g. Fett:0,19g.
µg. - Ph:0 Na:0,25 Ka:0 Mg:0,25 Ca:1,24 Fe:0 Zn:0,01 Col.:0 Hsr.:0

Zutaten:
Salbei 2 TL / 6g. (ja)
Wasser 1/2 Liter / 500g. (ja)

Kochanleitung:
Wasser zum Kochen bringen und beiseite stellen. Salbei dazugeben, 10 Min. ziehen lassen und nach Geschmack mit Honig süßen.

3.64 Vanillepudding

Gegen Verstopfung.
Anzahl Portionen: 2
Kalorien p. Portion 255
Gramm p. Portion 274,5
Kochdauer ca. 10 Min.
Allergene: G
(Kohlehydrat:67,17% / Eiweiß & Fett:32,83%)
100g.≈ Eiweiß 8,11g. Fett:8,88g.
µg. - Ph:44,27 Na:33,55 Ka:70,35 Mg:5,7 Ca:55,16 Fe:0,1 Zn:0,09 Col.:1,37 Hsr.:0

Zutaten:
Kuhmilch (Vollmilch 3,5 % Fett) 500 ml. / 500g. (empfehlenswert)
Puddingpulver Vanille 1 Paket / 37g. (ja)
Zucker (weiß, aus Rüben) 1 EL / 12g. (empfehlenswert)

Kochanleitung:
3-5 EL der Milch in eine Tasse geben und den Rest in einem Topf zum Kochen bringen. Das Puddingpulver zusammen mit dem Zucker und der Milch in der Tasse klümpchenfrei verrühren. Sobald die Milch kocht, die Mischung zugeben und unter ständigem Rühren auf kleiner Flamme ca. 3 Min. kochen. In vorbereitete Schälchen verteilen.

3.65 Zucchini-Grieß-Cremesuppe

Gut bei Appetitlosigkeit, Schluckstörungen, Blähungen, Darmentzündung, Rheuma, Sodbrennen. Senkt Blutdruck, fördert Gewichtsabnahme.

Anzahl Portionen: 4
Kalorien p. Portion 146
Gramm p. Portion 341,75
Kochdauer ca. 25 Min.
Allergene: AGL
(Kohlehydrat:78% / Eiweiß & Fett:22%)
100g.≈ Eiweiß 4,02g. Fett:7,8g.
µg. - Ph:1,7 Na:0,83 Ka:9,09 Mg:4,88 Ca:18,35 Fe:0,08 Zn:0,02 Col.:0,22 Hsr.:0,82

Zutaten:
Butter Bio 20 g. / 20g. (ja)
Weizen Gries 2 EL / 20g. (ja)
Petersilie 1 Bund / 100g. (ja)
Grundrezept für eine Gemüsebrühe nahrhaft 800 ml. / 800g. (ja)
Liebstöckel 1/2 TL / 2g. (ja)
Muskatnuss 1 Prise / 0,5g. (ja)
Anis (gemeiner Fenchel) 1 Prise / 0,5g. (ja)
Zucchini 400 g. / 400g. (ja)
Ingwer frisch 1/2 TL / 1g. (ja)
Creme fraîche 2 EL / 20g. (ja)
Zitrone Schale 1/4 Stück / 2g. (ja)
Salz 1 Prise / 1g. (wenig)
Pfeffer gemahlen 1 Prise / 0,5g. ()

Kochanleitung:
Butter in einem Topf schmelzen, Grieß hinzufügen und unter Rühren kurz anrösten. Die Hälfte der gehackten Petersilie dazugeben, kurz andünsten, mit Gemüsebrühe (nach Grundrezept) aufgießen, mit gehacktem Liebstöckel, Muskat und Anis würzen. Suppe ohne Deckel 10 Min. leicht kochen, kleingeschnittene Zucchini und ein kleines Stück Zitronenschale dazugeben und weitere 5 Min. köcheln lassen, bis die Zucchini weich sind. Zitronenschale entfernen und mit dem Mixstab zusammen mit der Crème fraîche und der restlichen Petersilie fein pürieren.

4 Wirkung der Lebensmittel

4.1 Zutaten verwenden: empfehlenswert

Ahornsirup
Apfel (sauer)
Apfel (süß)
Apfelmus
Apfelsaft (Naturtrüb)
Aprikose
Astronautenkost
Beerensaft
Birnensaft
Bitter Lemon
Butterschmalz
Clementinen
Fruchtzucker (Fruktose, Traubenzucker)
Heidelbeersaft
Honig
Kirschenkompott
Kirschsaft
Kompott (Früchte der Saison)
Kuhmilch (Vollmilch 3,5 % Fett)

Mangosaft
Marillensaft
Obstmischung Fruchtsaft
Orangensaft
Sahne sauer 30%
Sahne, süß 30%
Sauermilch
Sauerrahm 15% Fett
Traubensaft rot
Traubensaft weiß
Walnüsse
Walnüsse geröstet
Zucker (Staubzucker)
Zucker (weiß, aus Rüben)
Zucker braun
Zucker Kandis weiß
Zucker Melasse
Zucker Palmzucker
Zucker Ursüße (Zuckerrohr) süß

4.2 Zutaten verwenden: ja

Aal
Acerola Fruchtnektar oder Pulver
Adzukibohnen
Agar-Agar, Agartang
Agavendicksaft
Aloesaft
Amaranth
Amaranth POPS
Ananas
Ananas (aus der Dose)
Ananassaft ungezuckert
Andornkraut
Angelikawurzel
Anis (gemeiner Fenchel)
Aprikose getrocknet
Aprikosen Marmelade
Aprikosennektar
Artischocke
Aubergine
Austern
Austernpilze
Austernschalenpulver
Avocado

Backpulver
Baldrian
Bambussprossen
Banane
Banane Kochbanane
Banchatee
Bärentraubenblätter
Bärlauch (Knoblauchspinat)
Barsch
Basilikum
Basilikum (frisch)
Bataviasalat
Beeren der Saison
Benediktinerdistel
Berberitzenrindetee
Bier (alkoholarm)
Bier (alkoholfrei)
Birne
Bitterklee
Bitterorangenschale
Blätterteig
Blattsalate (bitter)
Blumenkohl (Karfiol)

Blütenpollen
Bocksdornfrüchte (Fructus Lycii) getrocknet
Bockshornklee
Bohnen (grün, frisch)
Bohnenkraut
Bohnenöl
Borretsch
Borretschöl
Boxhornkleesamen
Bratöl
Brennnessel
Brie
Brokkoli
Brombeerblätter
Brombeere
Brombeere getrocknet (unreife)
Brombeermarmelade
Brösel (Weizenbrot, Semmel)
Brot mit Johannisbrotkernmehl
Brötchen (Semmel)
Buchweizen
Buchweizen (geröstet) Kasha
Buchweizen Vollkorn
Bulgur (Getreide)
Buschbohnen
Butter (halbfett)
Butter Bio
Butterbohnen weiße
Buttermilch
Calamari
Camembert
Cashewnüsse
Champignon
Channa-Dal
Chenpi (chinesische Mandarinenschale)
Chicorée
Chili (Schote oder gemahlen)
Chinakohl
Chlorella (Süßwasser)
Chrysanthemenblütentee
Colagetränk
Couscous
Cranberries
Creme fraiche
Cumin (Kreuzkümmel)
Curry
Currypaste rot
Dashi
Datteln getrocknet
Datteln rot
Dill
Dinkel

Dinkel Brot
Dinkel Flocken
Dinkel Gries
Dinkel Vollkornmehl
Distelöl
Dornhai (Seeaal, Schillerlocken)
Dorsch
Dulse (Lappentang)
Edamer
Eibennuss
Eibisch (Hibiscus)
Eisbergsalat
Emmentaler
Endiviensalat
Ente (Frühmastente, schlachtfrisch)
Ente (Herz)
Entenei
Enzianwurzel
Erbse, grün
Erbsen
Erdbeere
Erdbeermarmelade
Erdbeersaftgetränk
Erdnuss (geröstet)
Erdnussbutter
Erdnüsse
Erdnussöl
Essig (Apfelessig)
Essig (Rotweinessig)
Essig Aceto Balsamico
Essig Aceto Balsamico weiss
Essiggurke
Estragon
Färberdiestel (Hong Hua)
Färberginsterkraut
Fasan
Feige
Feige getrocknet
Feldsalat
Fenchel
Fenchelsamen gemahlen
Fencheltee
Feta
Fisch Innereien
Fischreste
Fischsouce
Fischstücke gemischt (Süßwasser)
Flaschenkürbis
Flohsamen
Flunder
Forelle
Forelle (geräuchert)
Frischkäse
Frischkäse aus Soja

Frischkäse mit Kräuter	Hefe
Früchtetee	Heidelbeere
Gagelpflaume	Heidelbeere getrocknet
Galgant	Heidelbeermarmelade
Gans	Heilbutt
Gans (Gänseklein)	Hering
Gans (Gänseschmalz)	Hibiskustee
Gänseblümchen	Hijiki
Gänseblut	Himbeerblättertee
Gänseei	Himbeere
Garam Masala Pulver	Himbeere getrocknet (unreife)
Garnele	Himbeermarmelade
Gelatine weiss	Hiobsträne (Samen) YiYi Ren
Gelee Royal	Hirsch Fleisch
Gemüsesaft	Hirsch Knochen
Gerste	Hirsch Nieren
Gerste (Nacktgerste)	Hirse
Gerste (Perlgerste)	Hirseflocken
Gerstengras Pulver	Hokkaidokürbis
Gerstengraupen	Holunderbeeren
Gerstengrütze	Holunderblütentee
Gerstenmalz	Honigmelone
Gerstenmehl	Hopfen
Getreidekaffee	Huhn Blut
Ginkgofrucht	Huhn Ei
Ginsengwurzel	Huhn Eigelb
Glühweingewürzmischung	Huhn Eiweiß
Gorgonzola	Huhn Fleisch
Gouda	Huhn Herz
Granatapfel	Huhn Leber
Grapefruit getrocknete Schale	Huhn Magen
Grapefruit/Pampelmuse/Pomelo	Hummer
Grapefruitsaft	Hüttenkäse
Graskarpfen	Ingwer frisch
Grüner Tee	Ingwer Pulver
Grünkern	Ingweröl
Guave	Jakobstränen
Gurke	Jasminblütentee
Gurke (bitter)	Joghurt (natur, 1,5 % Fett)
Gurke (Gewürzgurke)	Joghurt (natur, 3,5 % Fett)
Hafer	Johannisbeere (rot)
Hafer Flocken (Vollkorn)	Johannisbeere (schwarz)
Hafer Flocken geröstet	Johannisbeere (weiß)
Hafer Mehl	Johannisbeermarmelade (rot)
Hafer Milch	Johannisbeermarmelade (schwarz)
Hafer Schmelzlocken (Babynahrung)	Johannisbeernektar (schwarz)
Hafer Schrot	Johannisbrotkernmehl
Hagebutte	Kabeljau
Hagebuttentee	Kaffee
Haifisch	Kaffeeweißer
Hammel	Kakao
Hase	Kaki-Pflaume
Hase, wild	Kaktusfeige
Haselnüsse	Kalmus

Kamille	Kumquat
Kaninchen Fleisch	Kürbis
Kaninchen Leber	Kürbiskerne
Kapern (eingelegt)	Kürbiskernöl
Kapuzinerkresse	Kurkuma (Gelbwurz)
Karambole/Sternfrucht	Kuzu
Karausche	Lachs
Kardamom	Lamm Fleisch
Karotte (Frühkarotte)	Lamm Knochen
Karotte (Mohrrübe, Möhre)	Lamm Leber
Karottensaft ohne Zucker	Lamm Nieren
Karpfen	Lamm Schulter
Kartoffel	Languste
Kartoffel (mehlige)	Lauch (Porree)
Kartoffelmehl	Lauchzwiebel Schnittlauch
Käsepappeltee	Laugengebäck
Kastanien (Maronen)	Lavendelblüten
Kaviar	Leberglättertee
Kefir	Leinöl
Kerbel	Leinsamen
Kerbel getrocknet	Leinsamen (geschrotet)
Kichererbsen	Liebstöckel
Kirsche	Liebstöckelsamen
Kirsche (sauer)	Limabohnen
Kiwi	Lindenblütentee
Klementine	Linsen (Helmbohnen)
Klettenwurzeltee	Linsen gelb
Knäckebrot	Linsen rot
Knoblauch	Linsen schwarz
Kohlrabi	Löffelbiskuit
Kohlrübe	Longane
Kokosfett	Loquate/Japanische Mispel
Kokosflocken	Lorbeerblatt
Kokosmilch	Lotossamen
Kokosnussfleisch	Lotoswurzeln
Kokosraspeln	Löwenzahn (junger)
Kombualge	Löwenzahnsaft
Kopfsalat	Löwenzahnwurzeltee
Koriander	Luohan-Frucht
Koriandergrün	Lychee
Korinthen (rot)	Lychee (Konserve)
Korinthen (schwarz)	Magermilchpulver
Krabbe	Mais
Krake	Mais (geröstet)
Kräuter bittere	Mais (Schnellpolenta)
Kräuter der Provence	Mais Gries (Polenta)
Kräuter verschiedene	Mais Mehl (Maizena)
Kräuter Wildkräuter	Maishaartee
Kräuterteemischung	Maiskeimöl
Kresse	Maisstärke
Kuhmilch (1,5 % Fett)	Majoran
Kukichatee	Makannastern Samen
Kümmel	Makrele
Kümmel gemahlen	Malventee

- Malz
- Mandarine
- Mandelmilch
- Mandelmus
- Mandeln
- Mandeln Marzipan
- Mango
- Mangold
- Mangopulver
- Maniokmehl
- Margarine
- Margarine (Diät)
- Marillen
- Maulbeerfrucht
- Mayonnaise 50%
- Mayonnaise 80%
- Meeräsche
- Meereskrebs
- Mehrkornbrot (Graubrot)
- Melisse
- Miesmuscheln
- Mineralwasser
- Mirabelle
- Miso
- Miso schwarz (fermentiert)
- Mispel
- Mittelmeerfisch (Kabeljau, Scholle, Schellfisch, Seeaal, Makrele)
- Mixed Pickels
- Mohn
- Molke
- Moosbeere
- Morchel (schwarz, getrocknet)
- Mozzarella
- Mu-Erh-Pilz
- Mungbohne
- Mungbohnensprossen
- Muskatnuss
- Müsli
- Nachtkerzenöl
- Nektarine
- Nelke
- Nierenbohnen (rote)
- Nori, Purpurtang, Rotalge
- Nudeln (Vollkorn) mit Ei
- Nudeln (Weizen) mit Ei
- Nudeln (Weizen, Bandnudeln) mit Ei
- Nudeln (Weizen, Lasagneblätter) mit Ei
- Nudeln (Weizen, Spagetti) mit Ei
- Odermennig
- Okra
- Oliven
- Oliven grün
- Olivenöl
- Orange
- Orange abgeriebene Schale
- Orange getrocknete Schale
- Orange Schale
- Orangenblüten
- Orangenmarmelade
- Oregano frisch
- Oregano getrocknet
- Palmöl
- Papaya
- Paprika
- Paprika (Rosenpaprikapulver)
- Paprika (süß)
- Paranuss
- Parmesan
- Passionsblumenblütentee
- Passionsfrucht (Maracuja)
- Pastinake
- Peperoni
- Peperoni, gelb, entkernt, halbiert
- Peperoni, rot, entkernt, halbiert
- Petersilie
- Petersilienwurzel
- Pfeffer Cayenne
- Pfeffer Körner
- Pfeffer weiss (gemahlen)
- Pfefferminze
- Pfefferminztee
- Pfeilwurzelmehl
- Pferd Fleisch
- Pfifferlinge/Eierschwammerl
- Pfirsich
- Pfirsich (Dose)
- Pflaume
- Pflaume getrocknet
- Piment
- Pinienkerne
- Pintobohnen gesprenkelt
- Pistazien
- Preiselbeere
- Preiselbeermarmelade
- Preiselbeersaft
- Puddingpulver Vanille
- Pumpernickel
- Pute Brustfleisch
- Pute Schinken
- Qualle
- Quargel 20%
- Quinoa
- Quitte
- Radicchio
- Radieschen
- Rapsöl
- Reh Fleisch

Reineclaude
Reis Basmatireis
Reis Duftreis
Reis Gaoliangreis (Sorghum)
Reis Klebreis
Reis Langkornreis
Reis Reisschleim
Reis Roter
Reis Rundkornreis
Reis Schwarzer
Reis Sorte beliebig
Reis Süßer
Reis Vollkorn
Reis Wilder (Naturreis)
Reishi
Reismalz
Reismehl
Reisnudeln
Reisstärke
Rettich (weiß, grün, lila-rot)
Rettich Meerrettich (Kren)
Rettich schwarz
Rettichblätter (vom Wochenmarkt)
Rhabarber
Rind (Kalb)
Rind Filet
Rind Fleisch
Rind Fleischknochen
Rind Herz
Rind Herz (Kalb)
Rind Knochenmark
Rind Leber
Rind Lunge (Kalb)
Rind Magen
Rind Niere
Rind Ochsenschwanzstücke
Rind Suppenfleisch
Roggen
Roggen Vollkornbrot
Roggenmehl
Römersalat/Lattich-Salat
Rosenblättertee
Rosenblütentee
Rosenkohl
Rosinen
Rosmarin
Rotbarsch
Rote Grütze (ohne Zucker)
Rote Rübe
Rotkohl
Rotwein
Safran
Sago (Getreide)
Sahne 10% Kaffeesahne

Sahne sauer 10%
Sahne sauer 20%
Sake
Salbei
Sanddorn
Sardellen/Sardine
Saubohnen (Dicke Bohnen)
Sauerampfer
Sauerkirsche
Sauerkraut
Sauerteig
Schaffleisch
Schafgarbe
Schafgarbentee
Schafmilch Joghurt
Schafskäse
Schafsmilch
Schimmelkäse
Schlehdorn
Schmelzkäse 12%
Schmelzkäse 30%
Schnecke
Schokolade
Schokolade (Diabetiker)
Scholle
Schwarzaugenbohnen
Schwarze Bohnen
Schwarzer Fungu Pilz
Schwarzkümmel
Schwarztee
Schwarzwurzel
Schwedenkraut (Schwedenbitter)
Schwein Blut
Schwein Darm
Schwein Fett
Schwein Fleisch
Schwein Haut
Schwein Haxe (Eisbein)
Schwein Herz
Schwein Hirn
Schwein Leber
Schwein Lunge
Schwein Magen
Schwein Markknochen
(Röhrenknochen)
Schwein Mettwurst
Schwein Nieren
Schwein Schinken
Schwein Schinken gekocht
Schwein Schinken geselcht
Schwein Schinkenspeck
Schwein Schmalz
Seegurke
Sellerie Knolle

Sellerie Stangensellerie
Senf
Senf Dijon
Senf mittelscharf
Senf süß
Senfsamen
Sesam Paste (Tahini)
Sesam, Schwarzer
Sesam, Weißer
Sesamöl
Sesamöl geröstet
Shiitake, getrocknet
Shrimps
Silbermorchel, getrocknet
Soja Cuisine (Soja-Sahne)
Soja Tofu
Soja Tofu geräuchert
Sojabohne
Sojabohnen, Gelbe
Sojabohnen, Schwarze
Sojabohnen, Schwarze, fermentiert
Sojabohnenmilch
Sojacreme
Sojamehl
Soja-Nudeln
Sojaöl
Sojapaste (Miso)
Sojasauce
Sonnenblumenkerne
Sonnenblumenöl
Spargel (grün oder weiß)
Speiserüben
Spinat
Spitzwegerichtee
Stachelbeere
Stangenbohnen (Fisolen)
Steinpilz/Herrenpilz
Sternanis
Stevia (Süßkraut)
Stutenmilch
Süßholzwurzeltee
Süßkartoffel
Süßwasserfisch
Süßwasserkrebs
Tabasco
Taube
Taube Ei
Teemischung Harnsäuresenkend
Thunfisch
Thymian
Thymian getrocknet
Tintenfisch
Toastbrot (Vollkorn)
Tomate

Tomate getrocknet
Tomatenmark
Tomatenpüre
Tomatensaft
Tonicwasser
Topfen (Quark) 20%
Topfen (Quark) 40%
Trauben rot
Trauben weiß
Traubenkernöl
Trüffel
Tsampa (geröstetes Gerstenmehl)
Umeboshipaste
Umeboshipflaumen (Japanaprikosen)
Vanille
Vanillepulver
Vanilleschote
Vanillezucker natur
Vogelmiere
Vogerlsalat (Pflücksalat)
Vollkornbrot
Vollkornbrot mit ganzen Körner
Vollkornmehl
Wacholderbeere
Wachskürbis
Wachtel
Wachtel Ei
Wakame
Walderdbeeren
Walnussöl
Wasser
Wasser heiss
Wassermelone
Weißbrot (Weizenbrot)
Weißbrot Baguette
Weißbrot Brösel (Weizenbrot)
Weißbrot Knödelbrot (Weizenbrot)
Weißbrot Salzstangerl
Weißbrot Semmel
Weißdorn
Weiße Bohnen
Weißfischchen
Weißkohl/Weißkraut
Weißwurz
Weizen
Weizen Bulgurweizen
Weizen Fladenbrot
Weizen Flocken
Weizen Gras Pulver
Weizen Gries
Weizen Gries - Kindergries
Weizen Mehl
Weizen Mehl Vollkorn
Weizen/Roggen Grau- Schwarzbrot mit

Hefe
Weizengrassaft
Weizenkeimöl
Weizenkleie
Wermutkraut
Wildkräuter
Wildschwein Fleisch
Wirsing/Grünkohl
Yamswurzel, Yamswurzelknolle
Yogitee
Ysop
Ziege
Ziegen- und Schafsblut
Ziegen- und Schafshirn
Ziegen- und Schafsleber
Ziegen- und Schafsmagen
Ziegen- und Schafsmilch
Ziegenkäse
Zimtpulver
Zimtstange
Zitrone
Zitrone Saft
Zitrone Schale
Zitrone, Limette
Zitronengras
Zitronenmelisse (frisch)
Zitronenmelisse (getrocknet)
Zucchini
Zucker Fructose Fruchtzucker
Zucker Glukose Traubenzucker
Zucker Milchzucker
Zuckerersatz (Süßstoff)
Zwetschken
Zwieback
Zwiebel Frühlingszwiebel
Zwiebel rot
Zwiebel Schalotte
Zwiebel weiss

4.3 Zutaten verwenden: wenig

Aal geräuchert
Bier (Altbier)
Bier (Pils)
Bitterlikör
Campari
Colagetränk (kalorienarm)
Fernet Branca (Kräuterbitterlikör)
Gewürznelke
Ginsenglikör
Honigwein (Met)
Lycheelikör
Malzbier
Martini
Prosecco
Rum
Salz
Salz Kräutersalz
Schnaps
Schwein Bratwurst
Sherry
Weißwein
Weizen Bier
Wermut

5 Komplementär

5.1 Heil-Tee (Aufguss)

5.1.1 Cannabis

Hohe Effizienz bei der Bekämpfung von Chemotherapie bedingten Nebenwirkungen. Schmerzlindernd.

Ein unverständlicherweise immer noch leicht kontroverses Thema ist die Anwendung des vergleichsweise mild wirkenden Marihuanas bei Krebs, besonders wenn man sich mal Folgen und Umfang des alltäglichen klinischen Einsatzes von Morphium -einer dem Heroin verwandten Substanz- vor Augen führt. Marihuana zeigte im Tierversuch direkt tumorhemmende und Lebensverlängernde Wirkung. Außerdem unterdrückt der im Cannabis enthaltene Wirkstoff Delta-9-Tetrahydrocannbinol (THC) offenbar die Reproduktion von Gamma-Herpesviren, welche im Verdacht stehen Krebs auszulösen. Das Haupteinsatzgebiet von Cannabis bei Krebs ergibt sich allerdings aus seiner hohen Effizienz bei der Bekämpfung von Chemotherapie bedingten Nebenwirkungen. In der Vergangenheit wurden zwar eine Reihe von Medikamenten -in der Regel Phenothiazine und Butyrophenone- entwickelt welche diese Nebenwirkungen, üblicherweise Übelkeit und Erbrechen, mehr oder weniger erfolgreich unterdrücken sollten, jedoch scheint nach Aussage von Wissenschaftlern die Wirkung von Cannabis diesen Substanzen klar überlegen zu sein, wobei es jedoch manchmal Dosierungen bedarf, die einen Einfluss auf das Zentralnervensystems möglich erscheinen lassen, d.h. es kann zu einem leichten Rausch kommen. In einer randomisierten Doppelblindstudie wurde 23 Kindern in Chemotherapie das synthetische Cannabinoid 'Nabilon' als Mittel gegen ihre Chemotherapie bedingten Nebenwirkungen verabreicht. 18 von ihnen schlossen die Studie erfolgreich ab. Sie litten dabei alle unter weniger Übelkeit und Erbrechen als die Kinder der Kontrollgruppe. Bei 2/3 von ihnen zeigte sich außerdem Nabilon vergleichbaren Mitteln gegenüber als überlegen. Nebenwirkung waren Schläfrigkeit und Benommenheit.
Es kann zu einem leichten Rausch kommen. Die Resorption anderer, gleichzeitig eingenommener Arzneimittel kann verlangsamt oder behindert werden. Bei Überdosierung: Übelkeit, Erbrechen, Diarrhöe, Gereiztheit.

5.1.2 Kamille

Krampflösend und entzündungshemmend bei Verdauungsstörungen, beruhigt die Nerven und fördert guten Schlaf. Äußerlich angewendet heilt er Wunden sowohl im Mund-Rachen-Raum als auch der Haut. Stärkt Sehkraft.
2 Teelöffel des Tees mit 250 ml kochendem Wasser übergießen und 10 Minuten ziehen lassen. Danach absieben. Nach Bedarf 2 bis 3 Tassen pro Tag trinken.
Wirkstoffe: Äth. Öl: Chamazulen, Bisabolol, Flavonoide, Cumarine
Vor Dauergebrauch wird gewarnt, ansonsten unbedenklich.

5.1.3 Rooibos

Antioxidativ, entzündungshemmend, krebshemmend, schützt durch enthaltene Flavonoide, positive Wirkung auch auf Alzheimer, Arteriosklerose. Antiallergisch, hemmt die Histaminausschüttung. Antibakteriell, antiviral, antifungal, entgiftend (basisch).
3-4 Teelöffel Rooibos mit einem Liter kochendem Wasser überbrühen und 6-10 Min. ziehen lassen. Bei weichem Wasser benötigen Sie weniger Tee für die Zubereitung, bei härterem Wasser empfehlen wir eine höhere Dosierung.

5.1.4 Schiefer Schillerporling, Chaga oder Tschaga

Der Extrakte aus den Knollen stimuliert das Immunsystem, wirkt entzündungshemmend und schützen die Leber und die Bauchspeicheldrüse.
Der Chaga zählt, durch seinen hohen Gehalt an Glucanen zu den Substanzen, die in der Lage sind, regulierenden und regenerativen Einfluss auf biochemische Abläufe im Organismus zu nehmen. Dies bedeutet unter anderem, Überfunktionen wie bei einer Allergie oder Psoriasis nach unten und Unterfunktionen, z.B. im Alter, nach oben zu regulieren.

5.1.5 Wermut

Gut gegen Appetitlosigkeit, Verdauungschwäche, Magenkrämpfe, Blähungen, Gastritis, Erschöpfung, Reizbarkeit, Medikamenten- und Nahrungsmittelunverträglichkeit, Fieber, Grippale Infekte, Parasiten.
1 TL auf 1/2l Wasser
Wermut - Wird nicht nur verwendet, um Würmer zu eliminieren; er ist außerdem eine höchst wirksame Leber- und Verdauungshilfe. Er ist auch dabei behilflich, Blockaden zu entfernen, die eine träge Menstruation erzeugen. Es ist immer am Besten, dieses Kräutermittel in Verbindung mit anderen Kräutern einzunehmen.

Medizinische Anwendungen: Blutarmut, Arthritis, Blähungen, Kreislauf, Erkältungen, Verstopfung, Depression, Ödeme, Ohrenschmerzen, Fieber, Frauenleiden, Winde, Gallenblase, Gallensteine, Gicht, Herzbrennen, Hepatitis, Gelbsucht, Nierenleiden, morgendliche Übelkeit, Übelkeit, Fettleibigkeit, Parasiten, Rheumatismus, Magenleiden, Würmer.
Eigenschaften: Abortiv wirkend, alterativ, Appetit fördernd, Wurmmittel, antibiotisch, Anti-Depressionsmittel, entzündungshemmend, fiebersenkend, antiseptisch, aromatisch, Bittertonikum, Mittel gegen Blähungen, galletreibend, verdauungsfördernd, Eintritt der Monatsblutung förderndes Mittel, magenstärkend, Wurmmittel.
Nicht in der Schwangerschaft verwenden. Es ist immer am Besten, dieses Kräutermittel in Verbindung mit anderen Kräutern einzunehmen.

5.2 Kapseln

5.2.1 Holunderschwamm, Chinesische Morchel, Mu Err

Ähnlich entzündungshemmender Effekt wie Aspirin, diesem gegenüber jedoch die klaren Vorteile, weder die Blutgefäße zu beschädigen noch die Produktion der Magenschleimhaut zu hemmen. Er wirkt befeuchtend auf die Schleimhäute.
Der Mineralstoff- und Spurenelementanteil beträgt ca.5,4% des getrockneten Pilzes. Davon ist ca. ein Drittel Kalium, gefolgt von Kalzium, Natrium, Silizium, Magnesium und Phosphor. An Vitaminen ist momentan nur Vitamin B1 zu nennen. Der Pilz enthält reichlich ß-D-Glucane, Polysaccharide, Glykoproteine und Aminosäuren.

5.3 Komplementäre Anwendung

5.3.1 Apitherapie

Die Heilwirkung von Honig, Propolis, Blütenpollen, Gelee Royale und Bienengift: Propolis hat starke antibakteriellen, pilzhemmende und antiallergischen Eigenschaften und unterstützt dadurch jeden Heilungsprozess.
Das Heilen mit Bienenprodukten ist eine der ältesten Therapieverfahren. Die Heilwirkung von Honig, Propolis, Blütenpollen, Gelee Royale und Bienengift sind lange bekannt. Propolis hat starke antibakteriellen, pilzhemmende und antiallergischen Eigenschaften und unterstützt dadurch jeden Heilungsprozess. Blütenpollen ist aufgrund seines Reichtums an essentiellen Aminosäuren, sekundären Pflanzenstoffen (u. a. Flavonoide), organisch gebundenen Mineralstoffen und Vitaminen ein wichtiges Mittel zur Stärkung der Abwehrkräfte. Das Wachstum von Krebszellen (Neuroblastom) könnte gehemmt werden. Der Wirkstoff

Artepillin C soll die Bildung neuer Blutgefäße im Tumor hemmen, was zum Aushungern und damit zur Schrumpfung führen kann. Heute weiß man, dass die Entstehung bestimmter Krebsarten im Zusammenhang mit Viren steht. In dem Propolis seine antivirale Wirkung entfaltet, kann eine krebsvorbeugende und krebshemmende Wirkung entstehen.

5.3.2 Enzympräparate

Enzyme sind Proteinketten, die biochemische Reaktionen auslösen. Sie könnten Umweltgifte neutralisieren und freien Radikalen, Bakterien, Viren und Pilzen entgegenwirken.
Die Dosierung für eine Therapie und eine Kombination von Präparaten legt der Arzt für jeden Patienten individuell fest.
Bei einer Erkrankung der Bauchspeicheldrüse verschreibt der Arzt Enzympräparate. Hierfür verwendet man Enzyme, die aus der Bauchspeicheldrüse des Hausschweins stammen.
Durch Zufuhr von Enzymkombination geht man davon aus, dass das Immunsystem positiv beeinflusst oder die Entzündungsheilung gegebenenfalls beschleunigt wird.
Die Einnahme von Enzympräparaten löst manchmal allergische Reaktionen aus. In einigen Fällen tritt eine Verdauungsstörung in Form von Blähungen, Übelkeit, Bauchschmerzen, Erbrechen und Durchfall auf. Keine Enzymtherapie während der Schwangerschaft.

5.3.3 Misteltherapie

Die Misteltherapie ist die am besten dokumentierte komplementäre Begleitung zur klassischen onkologischen Krebstherapie
Die Misteltherapie ist die am besten dokumentierte komplementäre Begleitung zur klassischen onkologischen Krebstherapie Sie besteht aus einem wässrigen Extrakt der Mistel. Dieser Extrakt wird mit einer Spritze unter die Haut gespritzt. Immer mehr Ärzte und Patienten vertrauen auf ihre verlässliche und sichere Wirkung und die ausgezeichnete Verträglichkeit. Die Wirkung der Misteltherapie ist eine bessere Verträglichkeit der Chemotherapie. Die Verbesserung des Allgemeinzustandes (Verringerung der Pflegebedürftigkeit und Besserung der körperlichen und mentalen Befindlichkeit) sowie eine Verbesserung von Schlaf und Appetit. Auch eine Reduktion von Schmerz ist feststellbar. Die Misteltherapie wird von Ihrem Arzt verordnet (Rezept). Mit diesem Rezept holen Sie sich dann in der Apotheke das Arzneimittel. Im Vergleich zum praktischen Nutzen sind die Kosten der Therapie sehr gering; egal ob sie von der Krankenkasse bezahlt wird, oder nicht (die Genehmigung variiert).

5.4 Verschiedene Möglichkeiten

5.4.1 Affenkopfpilz, Yamabushitake
Der Pilz enthält 8 freie essenzielle Aminosäuren. Er hat ein günstiges Kalium-Natriumverhältnis, liefert Phosphor und ist gehaltvoll an Spurenelementen Zink, Selen, Eisen und Germanium. Regeneriert und reguliert das Nervensystem.
Dieser Pilz wird durch seinen hohen Gehalt an Lektinen und anderen Substanzen, die ihn vor Fraßfeinden schützen sollen, von ca. 1/3 der Konsumenten nicht gut vertragen.

5.4.2 Curcuma Wurzel
Gut bei Schmerzen in Brust oder Abdomen, Hämatome, gynäkologische Beschwerden, Tumore.
Nicht bei Leber- oder Gallenentzündungen oder Schwangerschaft verwenden.

5.4.3 Liebstöckelwurzel
Fördert die Wundheilung. Gegen Müdigkeit, Harnwegsinfekte, Appetitmangel, Übelkeit und Erbrechen, Erkältungen, Hauterkrankungen.

5.4.4 Rhabarbawurzel
Laxierend, gut bei Gastritis und Magengeschwüre. Regt Verdauung an. Wirkstoffe: Anthrachinon, Antrachinonderivate, Gerbstoffe
Rhabarberwurzel stimuliert die Leber und die Gallengänge. Obwohl sie ein Abführmittel ist, verhindert sie Durchfall. Sie reinigt die Schleimschichten im Verdauungssystem und unterstützt die Entfernung von Ablagerungen. Rhabarber ist ein wichtiger Leber- und Darmreiniger. Mit seinem hohen Gehalt an Vitamin A, B-Komplex und Kalzium unterstützt er den Wiederaufbau des Verdauungssystems und reduziert den Blutdruck sowie Entzündungen.
Als lokale Anwendung bei Entzündung des Mund- und Rachenraumes oder Fieberblasen.
Bei Dauergebrauch ist Kaliumverlust möglich. Wurzel nicht bei Schwangerschaft, Darmverschluss oder unter 12 Jahren verwenden!

5.4.5 Schmetterlingsporling, Yun Zhi, Kawaratake
Stark antioxidative und das Immunsystem modulierende Wirkung. Regenerative Wirkung auf Leber und Milz.
Einer der wichtigsten Vitalpilze bei erregerbedingten Erkrankungen. Sowohl gegen Viren wie Coxackie-, Epstein Barr- oder Human Papilloma,

als auch gegen Protozoen (Einzeller) wie Leishmanien und den Malariaerreger. Des Weiteren hemmt der Pilz Hefepilze wie Candida albicans und Bakterien wie Strepto- und Staphylokokken.
Der Coriolus ist ein sehr gut verträglicher Pilz, sollte aber in der Schwangerschaft wegen seiner antiöstrogenen Wirkung nicht eingenommen werden.

5.4.6 Tintenpilz, Schopftintling, Spargelpilz

Entzündungshemmend, senkt Blutzucker, regt Peristaltik an.
Der Spargelpilz enthält viel Vitamin C und B3, Riboflavin und Thiamin. Der getrocknete Pilzes besteht zu 22-38% aus Eiweiß, darin enthalten 20 freie Aminosäuren. Hoher Mineral- und Spurenelementgehalt. Stark antioxidativ und entzündungswidrig wirkend. Senkt den Blutzucker. Das beruht zum Großteil auf den hohen Gehalt organisch gebundenem Vanadium. Hoher Gehalt an Lektine regt die Peristaltik an.
Sie können empfindlich mit Durchfällen reagieren, probieren Sie zuerst keine Portionen aus.

6 Grundlagen der Ernährung

Die hier beschriebenen Grundlagen der Ernährung zeigen allgemeine Empfehlungen und beziehen sich nicht auf eine spezielle Therapieform. Die Empfehlungen der Therapie haben Vorrang.

6.1 Ernährung

Die regelmäßige Einnahme von Mahlzeiten in entspannter Atmosphäre. Ein wärmendes Frühstück gilt als guter Start in den Tag.
Mittags sollte die Hauptmahlzeit stattfinden - das Abendessen am frühen Abend.

Die Beachtung von Hunger- und Sättigungsgefühlen: Nicht überessen und nicht hungern, so lautet die Regel.

Die frische Zubereitung der Speisen aus naturbelassenen, regionalen Produkten. Tiefgekühlte, hitzekonservierte, industriell vorgefertigte oder mikrowellengegarte Lebensmittel werden gemieden.

Die Auswahl von Lebensmittel nach der Jahreszeit: Im Sommer mehr kühlende Nahrung, im Winter mehr wärmende Nahrung.

Mindestens zweimal am Tag Gekochtes essen. Speisen und Getränke sollen möglichst handwarm, niemals eiskalt oder heiß sein.

Rohkost, kurz gegartes Gemüse, frisch gepresste Säfte und Mineralwasser werden üblicherweise nicht empfohlen. Milch und Milchprodukte stehen nur dann auf dem Speiseplan, wenn sie problemlos vertragen werden.

Therapeutische Rezepte nicht über einen längeren Zeitraum ohne Rücksprache mit dem Arzt oder Therapeuten einnehmen.

1. Vielseitig essen
Lebensmittelvielfalt genießen. Merkmale einer ausgewogenen Ernährung sind abwechslungsreiche Auswahl, geeignete Kombination und angemessene Menge nährstoffreicher und energiearmer Lebensmittel. (Einerseits Schutz vor Unterversorgung mit essentiellen Nährstoffen und andererseits Schutz vor einer überhöhten Zufuhr unerwünschter Inhaltsstoffe.)

2. Reichlich Getreideprodukte - und Kartoffeln
Brot, Nudeln, Reis, Getreideflocken (am besten aus Vollkorn), sowie

Kartoffeln enthalten kaum Fett, aber reichlich Vitamine, Mineralstoffe, Spurenelemente sowie Ballaststoffe und sekundäre Pflanzenstoffe. Diese Lebensmittel sollten mit möglichst fettarmen Zutaten verzehrt werden.

3. Gemüse und Obst - Nimm "5" am Tag ...
5 Portionen Gemüse und Obst am Tag, möglichst frisch, nur kurz gegart, oder auch eine Portion als Saft – idealerweise zu jeder Hauptmahlzeit und auch als Zwischenmahlzeit: Damit werden reichlich Vitamine, Mineralstoffe sowie Ballaststoffe und sekundären Pflanzenstoffe (z.B. Carotinoiden, Flavonoiden) zugeführt. Das Beste, was man für die eigene Gesundheit tun kann.

4. Täglich Milch und Milchprodukte, ein- bis zweimal in der Woche
Fisch; Fleisch, Wurstwaren sowie Eier in Maßen. Diese Lebensmittel enthalten wertvolle Nährstoffe, wie z.B. Calcium in Milch, Jod, Selen und Omega-3-Fettsäuren in Seefisch. Fleisch ist wegen des hohen Beitrags an verfügbarem Eisen und an den Vitaminen B1, B6 und B12 vorteilhaft. Mengen von 300 - 600 g Fleisch und Wurst pro Woche reichen hierfür aus. Fettarme Produkte bevorzugen, vor allem bei Fleischerzeugnissen und Milchprodukten.

5. Wenig Fett und fettreiche Lebensmittel
Fett liefert lebensnotwendige (essenzielle) Fettsäuren und fetthaltige Lebensmittel enthalten auch fettlösliche Vitamine. Fett ist besonders energiereich, daher kann zu viel Nahrungsfett Übergewicht fördern, möglicherweise auch Krebs. Zu viele gesättigte Fettsäuren fördern langfristig die Entstehung von Herz-Kreislauf-Krankheiten. Pflanzliche Öle und Fette bevorzugen (z.B. Raps-, Oliven- und Sojaöl und daraus hergestellte Streichfette). Auf unsichtbares Fett achten, das in Fleischerzeugnissen, Milchprodukten, Gebäck und Süßwaren sowie in Fast-Food- und Fertigprodukten meist enthalten ist. Insgesamt 70 - 90 Gramm Fett pro Tag reichen aus.

6. Zucker und Salz in Maßen
Nur gelegentlich Zucker und Lebensmittel, bzw. Getränke verzehren, die mit verschiedenen Zuckerarten (z.B. Glucose Sirup) hergestellt wurden. Kreativ mit Kräutern und Gewürzen und wenig Salz würzen. Jodiertes Speisesalz bevorzugen.

7. Reichlich Flüssigkeit
Wasser ist absolut lebensnotwendig. Jeden Tag rund 1-2 Liter Flüssigkeit trinken. Wasser (ohne oder mit Kohlensäure) und andere kalorienarme Getränke bevorzugen. Alkoholische Getränke sollten nicht konsumiert

werden.

8. Schmackhaft und schonend zubereiten
Die jeweiligen Speisen bei möglichst niedrigen Temperaturen garen, soweit es geht kurz, mit wenig Wasser und wenig Fett - das erhält den natürlichen Geschmack, schont die Nährstoffe und verhindert die Bildung schädlicher Verbindungen.

9. Sich Zeit nehmen und das Essen genießen
Bewusstes Essen hilft, richtig zu essen. Auch das Auge isst mit. Sich beim Essen Zeit lassen. Das macht Spaß, regt an, vielseitig zuzugreifen und fördert das Sättigungsempfinden.

10. Auf das Gewicht achten und in Bewegung
Ausgewogene Ernährung, viel körperliche Bewegung und Sport (30 bis 60 Minuten pro Tag) gehören zusammen. Mit dem richtigen Körpergewicht fühlt man sich wohl und fördert die Gesundheit.
Thermik, Wirkrichtung, Verdauungskraft
Es gibt unterschiedliche Kriterien, die Wirksamkeit von Kräutern und Lebensmittel zu beurteilen. Der Einsatz der Kräuter und Zutaten basiert auf Beobachtung, was die Lebensmittel, Kräuter und Gewürze nach ihrem Verzehr im Körper bewirken. In der Medizin hat sich daraus folgendes System entwickelt: Jede Zutat oder Kraut hat eine Wirkrichtung. Außerdem gibt es noch Kräuter, die eine besondere Wirkung auf bestimmte Organe haben.

Voraussetzung für einen gesunden Stoffwechsel ist es, darauf zu achten, dass wir ausreichend Energie aus der Nahrung gewinnen und der Verdauungsprozess so wenig Energie wie möglich verbraucht. Eine bekömmliche Mahlzeit macht zufrieden und satt, verursacht keine Blähungen und keine Müdigkeit nach dem Essen. Richtiges Würzen erhöht die Bekömmlichkeit unserer Speisen. Es genügen oft schon geringe Mengen an Kräutern und Gewürzen. Sie dienen nicht dazu, uns satt zu machen, sondern helfen unseren Verdauungsorganen, die Nahrung zu verdauen.

6.2 Rezepte

Die Rezepte zeigen Ihnen welche Zutaten verwendet werden sowie mit der Kochanleitung wie diese zubereitet werden. Bei den Zutaten wird neben den Mengenangaben auch die Wichtigkeit für die Therapie angezeigt. Wenn dabei angezeigt wird "weniger als angegeben" versuchen Sie diese Empfehlung einzuhalten oder eine Alternative aus der Liste der "Empfohlenen Lebensmittel" zu finden. Meistens ist es nur eine leichte geschmackliche Änderung wenn Sie diese Zutat gänzlich weglassen.

Schonende Kochmethoden: Kochen, dämpfen, pochieren, dünsten
Scharfe Kochmethoden: Grillen, rösten, anbraten, räuchern
Ausgeglichene Kochmethoden: Frittieren, Römertopf

Auf das Einfrieren und erwärmen in der Mikrowelle sollte verzichtet werden (Denaturierung).

6.3 Lebensmittel

Lebensmittel wirken wie Heilkräuter auf Körper und Geist, nur wesentlich sanfter. Die Ernährungsberatung stützt sich hauptsächlich auf heimische Lebensmittel. Das Wissen über die Wirkungsweisen jedes einzelnen Lebensmittels und das Wissen wann welche Lebensmittel zur Anwendung kommen, entstammt der Schulmedizin. Verwende Sie möglichst Erzeugnisse aus ökologischen-biologischem Landbau.

Da wegen der besseren Verdaulichkeit grundsätzlich alles lange gekocht und kaum roh gegessen wird, ist die Verträglichkeit hervorragend.

Die Einteilung der Lebensmittel entsprechend ihrer Wirkung auf den Körper und bildet die Basis, um einen ausgewogenen und harmonischen Gesundheitszustand im Körper zu erreichen.

Grundsätzlich empfiehlt die Ernährungsberatung keine bestimmten Lebensmittel für Jedermann. Ausschlaggebend für den individuellen Speiseplan ist vor allem die persönliche Konstitution.

Kaufen Sie nur frisches und reifes Obst und Gemüse ein. Braune Stellen, welke Blätter aber auch unreifes Obst und Gemüse sollten Sie im Supermarkt zurücklassen. Greifen Sie dann zu Tiefkühlware (keine Fertiggerichte!). Tiefkühlobst und -gemüse werden kurz nach dem Ernten schockgefroren und enthalten deshalb oftmals mehr Vitamine und Mineralstoffe, als die Ware aus der Obst- und Gemüsetheke! Konserven- und Dosenware dagegen enthält wesentlich weniger Biostoffe. Zudem werden Letztere meist mit Salz, Zucker usw. angereichert. Lassen Sie die Zutaten nach dem Waschen nie im Wasser liegen, denn so gehen viele Vitalstoffe ins Wasser über! Putzen Sie Salate, Früchte und Gemüse erst unmittelbar vor Verzehr.

Beachten Sie bitte die hygienische Verarbeitung der Lebensmittel. Waschen Sie Ihre Salate, Früchte und Gemüse gründlich. Bei Gerichten mit Fleisch bereiten Sie zuerst die Zutaten vor und verarbeiten dann die Fleischprodukte. Reinigen Sie danach die Arbeitsflächen und Werkzeuge besonders gründlich. Holzunterlagen sollten regelmäßig mit leichtem Desinfektionsmittel behandelt werden um die Keimbildung einzuschränken.

Bewahren Sie Obst und Gemüse möglichst getrennt voneinander auf. Auch geerntete Früchte und Gemüse leben und strömen z.B. Ethylengas aus, das andere Sorten schneller reifen und altern lässt. Fleisch und Fisch in der verschlossenen Verpackung lassen oder in luftdichten Boxen im Kühlschrank aufbewahren.

6.4 Kräuter

Bei der Aufbewahrung und Lagerung von Heilkräutern, müssen gewisse Grundregeln beachtet werden. Grundsätzlich müssen Heilkräuter geschützt vor direkter Sonneneinstrahlung, vor Feuchtigkeit und vor heißen Temperaturen gelagert werden.

Als Gefäße für die Lagerung von Heilkräutern können Gläser, Keramik-Behälter und zur Not auch Plastik-Dosen eingesetzt werden. Plastik ist aber ein sehr unreines Material und sollte daher wirklich nur eine kurzfristige Notlösung sein. Bei Glasbehältern ist darauf zu achten, dass dunkles Glas verwendet wird.

Heilkräuter können nicht beliebig lange aufbewahrt werden. Die Haltbarkeit von Heilkräutern ist auf jeden Fall begrenzt. Durch die Haltbarkeitsdauer kann durch sachgerechte Lagerung wesentlich erhöht werden. So soll der Lagerplatz dunkel, eher kühl und absolut trocken sein. Ein Medizinschrank aus Holz, der nicht direkt bei einer Wärmequelle platziert ist wäre ideal. Um Ihre Heilkräuter nicht wegwerfen zu müssen, kaufen Sie nicht zu große Mengen an Heilpflanzen. Beschriften Sie die Behälter mit dem Namen des Heilkrauts und dem Datum der Ernte bzw. der Verarbeitung.

7 Weitere Ernährungsvorschläge

Folgende Syndrome der Diätetik, der TCM oder als Therapieergänzung bei Krebs sind verfügbar.

DIÄTETIK
1. Ernährung des Säuglings - Beikost
2. Ernährung in der Stillzeit
3. Ernährung im Alter
4. Ernährung von Kindern und Jugendlichen
5. Ernährung von Sportlern
6. Leichte Vollkost
7. Schwangerschaft
8. Vollkost

Eiweiß und Elektrolyt – Nieren
9. (Hämo-)Dialysebehandlung
10. Akutes Nierenversagen
11. Chronische Niereninsuffizienz
12. Nephrotisches Syndrom
13. Nierensteine (Nephrolithiasis)

Gastrointestinaltrakt - Bauchspeicheldrüse
14. Akute Pankreatitis (Entzündung der Bauchspeicheldrüse)
15. Chronische Pankreatitis (Entzündung der Bauchspeicheldrüse)

Gastrointestinaltrakt - Dünndarm und Dickdarm
16. Akute Obstipation (Verstopfung)
17. Chronische Obstipation (Verstopfung)
18. Colon irritabile
19. Divertikulitis
20. Erworbene Laktoseintoleranz (Laktosemalabsorption)
21. Fruktosemalabsorption
22. Glutensensitive Enteropathie (Zöliakie)
23. Kolektomie
24. Kurzdarmsyndrom

Gastrointestinaltrakt - Leber, Gallenblase, Gallenwege
25. Akute und chronische Hepatitis (Entzündung der Leber)
26. Cholelithiasis (Gallensteine)
27. Fettleber
28. Leberzirrhose

Gastrointestinaltrakt - Magen und Zwölffingerdarm
29. Akute Gastritis
30. Chronische Gastritis
31. Magenblutung
32. Ulcus ventriculi und Ulcus duodeni
33. Zustand nach Magenoperation

Gastrointestinaltrakt - Mundhöhle und Speiseröhre
34. Mundschleimhautentzündung
35. Ösophaguskarzinom (Speiseröhrenkrebs)
36. Reflüxösophagitis (Sodbrennen)

spezielle Krankheiten
37. Phenylketonurie (PKU)
38. Rheumatische Gelenkserkrankungen

Stoffwechsel
39. Adipositas (Übergewicht)
40. Diabetes mellitus
41. Essstörungen (Untergewicht)
Fettstoffwechsel
42. Hypercholesterinämie (erhöhter Cholesterinspiegel)
43. Hepatische Enzephalopathie
Herz- und Kreislauf
44. Arteriosklerose (Arterienverkalkung)
45. Herzinsuffizienz
46. Hypertonie (Bluthochdruck)
47. Hyperurikämie und Gicht
veränderter Nährstoffbedarf
48. bei Fieber
49. bei malignen Erkrankungen
50. nach Verbrennungen
51. Strahlen- und Chemotherapie

KREBS
100. Bauchspeicheldrüse
101. Blasenkrebs
102. Blutkrebs (Leukämie)
103. Brustkrebs
104. Darmkrebs
105. Magenkrebs
106. Nierenkrebs
107. Speiseröhrenkrebs

TCM
200. Blase - Feuchte Hitze in der Blase
201. Blase - Feuchtigkeit und Kälte in der Blase
202. Blase - Leere und Kälte in der Blase
203. Dickdarm - äussere Kälte befällt den Dickdarm
204. Dickdarm - Feuchte Hitze im Dickdarm
205. Dickdarm - Hitze blockiert den Dickdarm II akut
206. Dickdarm - Trockenheit des Dickdarms
207. Dickdarm - Yang Mangel (Kälte)
208. Herz - Blut Mangel
209. Herz - Blut Stagnation
210. Herz - Feuer
211. Herz - Heisser Schleim verstopft die Herzporen
212. Herz - Kalter Schleim verstopft die Herzporen
213. Herz - Qi Mangel
214. Herz - Yang Mangel
215. Herz - Yin Mangel
216. Leber - aufsteigender Leber-Yang
217. Leber - Blut-Mangel
218. Leber - Blut-Stagnation
219. Leber - feuchte Hitze in Leber und Gallenblase
220. Leber - Feuer
221. Leber - Gallenblase Qi-Leere
222. Leber - Kälte im Lebermeridian
223. Leber - Qi-Stagnation

224. Leber - Wind
225. Leber - Wind mit aufsteigendem Leber Yang
226. Leber - Wind mit Blutleere
227. Leber - Wind mit extremer Hitze
228. Lunge - Qi Mangel
229. Lunge - Schleim-Feuchtigkeit in der Lunge
230. Lunge - Schleim-Hitze in der Lunge
231. Lunge - Schleim-Kälte in der Lunge
232. Lunge - Trockenheit der Lunge
233. Lunge - Wind-Hitze befällt die Lunge
234. Lunge - Wind-Kälte befällt die Lunge
235. Lunge - Yin Mangel
236. Magen - Blutstagnation
237. Magen - Feuer
238. Magen - Magenkälte mit Flüssigkeit
239. Magen - Nahrungsstagnation
240. Magen - Qi Mangel
241. Magen - rebellierendes Magen Qi
242. Magen - Yin Leere
243. Milz - Hitze und Feuchtigkeit befällt die Milz
244. Milz - Kälte und Feuchtigkeit befällt die Milz
245. Milz - Qi Mangel
246. Milz - Qi Mangel + Absinkendes MilzQi
247. Milz - Qi Mangel + Milz kontrolliert das Blut nicht
248. Milz - Yang Mangel
249. Niere - Herz und Niere kommunizieren nicht mehr
250. Niere - Jing Mangel
251. Niere - Nieren können das Qi nicht empfangen
252. Niere - Qi ist nicht fest
253. Niere - Yang Mangel
254. Niere - Yin Mangel